7 semanas para renacer

CRIS KORO

7 semanas
para renacer

*Una herramienta evolutiva
para convertirte en quien has venido a ser*

EDICIONES OBELISCO

Si este libro le ha interesado y desea que le mantengamos informado de nuestras publicaciones, escríbanos indicándonos qué temas son de su interés (Astrología, Autoayuda, Psicología, Artes Marciales, Naturismo, Espiritualidad, Tradición…) y gustosamente le complaceremos.

Puede consultar nuestro catálogo en www.edicionesobelisco.com

Colección Nueva conciencia
7 SEMANAS PARA RENACER
Cris Koro

1.ª edición: junio de 2022

Maquetación: *Marga Benavides*
Corrección: *Sara Moreno*
Diseño de cubierta e imágenes de interior: *Carmen Teresa Barnola Díaz*

© 2022, Cris Koro
(Reservados todos los derechos)
© 2022, Ediciones Obelisco, S. L.
(Reservados los derechos para la presente edición)

Edita: Ediciones Obelisco, S. L.
Collita, 23-25. Pol. Ind. Molí de la Bastida
08191 Rubí - Barcelona - España
Tel. 93 309 85 25
E-mail: info@edicionesobelisco.com

ISBN: 978-84-9111-872-5
Depósito Legal: B-10.045-2022

Impreso en ANMAN, Gràfiques del Vallès, S. L.
c/ Llobateres, 16-18, Tallers 7 - Nau 10. Polígono Industrial Santiga.
08210 - Barberà del Vallès - Barcelona

Printed in Spain

A mi madre Júlia, a mi padre Facundo y a todos nuestros ancestros
A mi hermana Maria Ángeles
A mi hija Lúa, almas maestras del amor incondicional. Gracias

PARTE 1

Introducción y contexto

Introducción

Nos encontramos en una etapa de la humanidad sin precedentes debido a muchas causas, por citar algunas claves: el desarrollo tecnológico exponencial, la comunicación expansiva hacia nuevos formatos más intangibles, la digitalización global, la virtualización de la vida, y, a la vez, eso permite una expansión exponencial de información.

La entrada de la era astrológicamente hablando acuariana trae consigo una elevación de la vibración, el despertar de la conciencia que tanto deseaban algunos grupos de almas, a niveles superiores de lo conocido en masa hasta ahora.

Además, se están descargando nuevas frecuencias energéticas de cualidades realmente elevadas, sin embargo, mayoritariamente en cuerpos obsoletos, en cuerpos no habitados, en cuerpos desconectados.

Es como pretender instalar un sistema operativo cuántico en el *hardware* de un ordenador del 2000 con 512Mb de memoria RAM y 256Mb de ROM.

Muy difícil que funcione correctamente con la máxima potencialidad que trae ese nuevo sistema de información.

Así están nuestros cuerpos físicos, adaptándose a esta nueva demanda de información canalizada. Es momento de hacerse cargo y actualizar, cuidar, habitar nuestros cuerpos, a todos los niveles, de modo que este ensamble se dé y podamos aprovechar al máximo nuestras nuevas potencialidades, que vienen a desplegar dones, talentos y habilidades que nuestro viejo yo aún no recordaba.

Con este movimiento, se están desplegando numerosas técnicas, herramientas, terapias, capacitaciones que facilitan la aproximación hacia el ser auténtico que habita en el interior, hacia el alma, ser quien has venido a ser, autoconocerte, empoderarte, conseguir la casa de tus sueños, el poder y el éxito que mereces y numerosas de promesas más.

Me doy cuenta, que algunas de las poderosas herramientas de transformación, se están utilizando más para la consecución de deseos materiales y egoístas que para el desarrollo evolutivo del alma y el bien común.

Parece como si, por un momento, tratáramos de diluir entre mantras y meditaciones miles de años de condicionamiento, de un reparto inequitativo del poder, de sometimiento, anestesia colectiva, alineación y esclavitud.

A propósito de esto, me permito añadir un parágrafo del autor de *Globalia,* Jean-Christopher Rufin. Una poderosa novela visionaria que leí hace veinte años y que tan vigente es hoy.

«¿Cómo es posible defender la libertad contra ella misma? Garantizando a todos la seguridad. Seguridad es libertad. Seguridad es protección. Protección es vigilancia. Luego vigilancia es libertad».

Podemos abrir los ojos y ver que la humanidad está sumida en un caos, aunque pueda parecer orden tanta norma y control, en lo profundo es todo lo contrario. Este caos muestra el final de una era y el principio de algo nuevo.

En los últimos treinta años, hemos entregado libertades y derechos humanos conquistados por nuestros ancestros en varios siglos en pro de la propia libertad de vivir, aunque sea más esclavos todavía, creyendo que somos más libres. Está siendo una obra de arte sublime en cuanto a manipulación y nuevas formas de condicionamiento masivo global.

Y precisamente este máximo momento de caos nos abre la oportunidad de correr los velos que ocultaban la verdad, otros niveles de profundidad, se difuminan las líneas entre lo posible y lo imposible.

Sin embargo, este entramado no puede deshacerse en un instante, a golpe de varita mágica, a veces esperamos soluciones rápidas, píldoras resolutivas que quiten de estos cuerpos milenios de memorias.

Y me doy cuenta, por mi propia experiencia y la de personas que acompaño en sesiones individuales y grupales, que, para ese movimiento, quizás necesitemos toda esta existencia, o cuando menos, algo más que cuatro cursos y algunas meditaciones. Es un camino de vida, una elección diaria y un compromiso profundo.

Eso es lo que te traigo en este libro, una herramienta evolutiva poderosa, que te acompañe siempre para lidiar con las trampas del ego.

Para realizar una transformación profunda se requiere, ante todo, mucha perseverancia, persistencia, amor incondicional, la máxima honestidad posible y mares de paciencia en los que fluir en las nuevas formas de vivir la vida, con nuevos ritmos, más creativos que productivos.

El estado natural del ser humano es, la abundancia, nos hemos alejado de ese estadio debido a muchas variables que han confluido durante siglos, entre ellas, la manipulación, el miedo, el ansia de poder y con ello la desposesión de la tierra, de la abundancia que merecemos sólo por existir en este plano.

Y aún con todo este arsenal de nuevas herramientas, métodos, sabidurías y conocimientos, que nos recomiendan cómo ser mejores personas, cómo ser más libres y cómo conocernos más, cómo ganar más dinero, seguimos cayendo una y otra vez en trampas semejantes. ¿Por qué?

Cuántas veces te ha pasado que creías que ya habías llegado a determinado nivel de conciencia, alcanzado tal desafío, realizado tantas formaciones, e incluso, dedicarte a ayudar a otras personas en el universo terapéutico y, va la vida, y lo pone de nuevo frente a ti, para recordarte que quizás el alcance vino desde un lugar egoico, no suficientemente consciente, y ahí estás de nuevo, ante el mismo reto que hace x años, ¡por qué a mí!

En mi vida he recibido muchos cursos, herramientas, talleres, formaciones, y hasta alguna carrera, cierto que todo me ha capacitado para la vida práctica, fue necesario para mi domesticación y capacitación humana, era necesario para el viaje y para ser quien soy hoy, aunque la mayoría, estaban vinculadas al mundo del afuera, a cómo ser mejor humana automática, una mejor oveja, sin embargo, nunca pude adaptarme a la mayoría, a lo normal, a la masa, al gran rebaño.

Pocas herramientas me han ayudado tanto como enfrentarme a la propia vida, bailando con cada uno de los desafíos, criarme en un cementerio, ser la hija del enterrador y trabajar allí hasta los 21 años, me calcé el traje de rebelde desde pequeña, ya que tuve que experimentar la dureza de la educación católica elitista siendo hija de clase obrera.

Montar mi primer negocio a los 18, hundirlo a los 19, ser la amante de hombres mayores y casados la mayoría, una primera etapa de vida basada en el exceso hedonista, sobrepasando los límites, sin importar las consecuencias, vínculos kármicos llenos de carencias, amar las sustancias de la fiesta, la comida, el dinero, el placer y el sexo, más que a mí misma, combinado a la vez con una esclavitud hacia el trabajo, el hacer, el no parar, buscando un éxito que nunca llegaba, porque no existía tal y como yo lo pretendía, buscando una abundancia económica que nunca llegaba, ya que la buscaba desde una profunda carencia, un vacío enorme.

Sin embargo, siempre sentí una llamada interna hacia lo invisible, hacia lo oculto, apasionada del mundo espiritual, lo esotérico; investigadora, la vida siempre me puso cerca a personas que me recordaban que había otros caminos, siempre estuvieron ahí, a veces los tomaba y luego volvía al automático.

Mis primeros despertares de conciencia llegaron ya en la escuela de monjas, de la que traté de escapar desde los 4 años, renegando siempre de la familia de sangre que me tocó, sintiéndome una extraterrestre, incomprendida, sola, muy sola.

La vida en el cementerio me colocaba en un lugar de la existencia muy especial, miro a aquella niña, que enterraba en la tierra a sus pajaritos, junto a judíos, moros y no bautizados, que tenían prohibida la santa sepultura en un nicho como Dios manda. Ayudando a mi padre como relaciones públicas, atendiendo a viudas, gitanos y seres de lo más peculiar. Toda esa experiencia daría para un libro, aunque siempre lo quise esconder por vergüenza, mas hoy, son un pilar en mi despliegue vital y sobre todo en el servicio para ayudar a los demás. Mi padre, un gran referente en el servir, un guardián de portales, un acompañante de almas en tránsito y de familias en duelo.

Mi madre, mujer trabajadora, luchadora, guerrera, tierra, abundante, generosa y cuidadora, aunque con la dureza de un ser que creció sin el amor de la madre, sin la presencia del padre.

Sin embargo, no siempre los he visto así, desde la gratitud y la compasión, han sido muchos años de negación, rechazo y culpándoles de todos mis males, ¿te suena?

En la primera etapa adulta, hacia el 2000, me independizo, parto del cementerio y entro el activismo político, conciencia económica, derechos sociales, humanitarios, iban despertando en mí el corazón guerrero, el amor hacia la tierra, la humanidad.

El cambio radical, hacia convertirme en algo parecido al ser que hoy empieza a desplegar en mí, llega con el nacimiento de mi hija Lúa en 2007, ahí mi cuerpo y mi alma se abrieron en canal, dejando todas las heridas en carne viva, necesario para iniciar el proceso de sanación con la madre y el padre, el femenino, que todavía hoy continúa.

La maternidad transformó el activismo político y social en educativo, sintiendo que el sistema de enseñanza no estaba a la altura de las necesidades de los nuevos humanos, mucho más evolucionados que nosotros mismos, así que, junto a otras familias, en 2008, escogimos crear una escuela alternativa para la crianza, El Tatanet, en Barcelona, que todavía hoy sigue viva, siento que ha sido el proyecto más maravilloso que he acompañado a crear.

En 2010 me despidieron de la empresa multinacional en la que trabajaba, mis rendimientos como responsable de ventas ya no eran los mismos, mi escala de prioridades se había transformado de arriba abajo, la vida en la oficina era un sinsentido.

La cultura laboral de algunas multinacionales no tenía coherencia para mí, el trabajo monótono en la oficina y mantener relaciones profesionales desde una máscara era cada vez más pesado, ¿para qué me levantaba cada mañana? Mi hija tenía la respuesta, ella representaba la semilla de una vida, no estamos aquí para desperdiciarla.

Recuerdo que me ordeñaba los pechos en el baño y luego paseaba el biberón lleno de leche para mi hija entre las mesas, y despertaba así críticas y quizás alguna conciencia.

Después del despido, pude dedicarme por completo a mi hija y su escuela durante unos meses, aunque a los pocos meses activé a la emprendedora que vive en mí, y fue cuando materialicé el sueño de cocrear una tienda y un proyecto divulgativo de vida ecológica y consumo responsable.

En ese camino, a finales de 2013, después de un proceso de descuido globalizado, llegó una enfermedad autoinmune, fascitis eosinofílica, que etiquetaron médicamente como crónica, y esa palabra hizo que despertara en mí un nuevo empoderamiento, orientado a la autosanación y a aprender al máximo de ese límite tan bestia que estaba manifestando mi cuerpo, un cuerpo, por cierto, al que sólo sabía hablarle en forma de dolor o placer, por lo demás, no tenía ni idea de quién era, ni para qué servía realmente, ni le estaba dando el cuidado que necesitaba.

Y ahí llegó el regalo envuelto en papel de lija, lo que había detrás de esa enfermedad, fue un portal, una *stargate*.

Entré en una práctica grupal de terapia bioenergética transpersonal que me ayudó a reconectar todos los cuerpos, devolverle la conciencia de unidad, iniciar el viaje más potente y largo de la vida, el viaje al infinito universo interior, vivir desde el corazón.

En seis meses me había autosanado algo etiquetado como crónico, sin ningún tipo de tratamiento médico oficial, rechacé todo lo que me proponían para no curarme y tapar los síntomas, corticoides y quimioterapia en pastillas. Yo quería asumir el reto de autosanarme, porque supe cómo me había enfermado, sólo había que deshacer el camino andado y escoger el camino del amor, el cuidado, el autoconocimiento, el camino de la vida auténtica.

Lo más curioso fue que el responsable de autoinmunes del Hospital Clínic de Barcelona, cerró el expediente diciendo «Sanación espontánea», sin querer registrar por escrito todo lo que incorporé en la vida para la sanación, y haciendo que los estudiantes salieran de la consulta cuando yo entraba por la puerta. Ahora lo miro con compasión.

Esto fue hace ya hace algunos años, concretamente en 2013, y desde entonces no he cesado en mi formación y autoconocimiento, cambié mi vida en un proceso largo de muchas muertes y renacimientos, acompañada por diferentes guías y el más importante, mi corazón.

Además de la terapia bioenergética, cábala, tao y medicina tradicional china, desde el año 2015 inicié un camino paralelo, al que yo le llamo «El camino secreto al corazón», y tiene que ver con el uso de las medicinas ancestrales, como la ayahuasca, y la terapia psicodélica, con medicinas más occidentales, con las que no he cesado de formarme, experimentar, autoconocerme y realizar auténticos saltos en el camino evolutivo.

En 2019, después de cerrar una etapa de más de veintidós años en el universo empresarial, creé Maestro Corazón, con el propósito de ayudar a otras personas en su camino de renacer, despertar, vivir en la máxima honestidad del corazón y trascender más allá de la confusión de la tercera dimensión. Lo hacemos en forma de talleres, charlas, retiros y experiencias de expansión de conciencia, más allá de la mente.

El sostén y profundización de la terapia bioenergética y el estudio infinito de la ciencia y tradición cabalística, sustentan gran parte de este libro.

¿Por qué? Porque ahondan en la inevitable honestidad de verte de frente ante la absoluta y total responsabilidad de que todo lo que sucede afuera se gesta dentro, se gesta en un campo sutil, en el quantum, se manifiesta en tu cuerpo físico y te lo devuelve manifestado en el mundo que ves cuando abres los ojos.

Y porque la combinación de ambas incluye todos los cuerpos, la totalidad física, energética, mental, emocional, transpersonal, metafísica.

En este momento de la humanidad se han corrido parte de los velos que escondían los mayores secretos del origen del ser humano, del sentido profundo de nuestra existencia, estaban ocultos en los textos sagrados milenarios, en las antiguas tradiciones y cosmovisiones, siempre ahí delante y, sin embargo, invisibles para la mayoría.

Ahora es el momento de expandir al máximo las herramientas que ayuden a la conciencia humana a dar el salto cuántico evolutivo de una forma profunda y a la vez rápida, porque sí, es urgente, ya no hay medios caminos, ya no hay tonos grises, ése fue un tiempo de margen, ahora escogemos, dormidos o despiertos, miedo o amor, oscuridad o luz, libertad o esclavitud, reconociendo a la vez que todas estas posibilidades moran en nuestro interior, latentes, disponibles, es sólo una elección.

Así que la misión de este libro, de esta cajita de herramientas, es la de llevar al público no estudioso la cábala aplicada, una poderosa forma de autoconocimiento, con el propósito de resetearse, renacer, con la potencia de un período de cuarentena, de profundización y autoanálisis, con honestidad, perseverancia, compromiso, claridad y dejando a la luz qué partes de ti tienen que morir y hay que dejar atrás, cualidades del «no tú» que ya no caben en la maleta para el viaje rumbo a tu nueva vida.

No importa tu edad, religión, clase social, lugar de origen; esta práctica traspasa límites mentales y precisamente viene a romper creencias limitantes, va a la puerta del corazón de la unidad, de la conexión con el todo, con lo que Es, más allá de la mente separada.

Va a desmontar, precisamente, los castillos de arena de una mente demente, a ponerla al servicio del corazón, al servicio de la vida, a favor del urgente cambio evolutivo en el que ya estamos inmersos como humanidad.

Porque toca todos los aspectos y cualidades del ego, de la psique y sobre todo de los campos emocionales, que es allí donde nos solemos trabar antes de que nuestros sueños e ideas se lleguen a manifestar.

He querido hacer una traducción al lenguaje cotidiano, fuera del lenguaje cabalístico, de modo que no hace falta ser un iniciado, aunque, te digo, este libro es un camino iniciático tanto cómo tú te atrevas a utilizarlo.

En ocasiones, creemos que ir cambiando aquí y allá, sirve. Aquí me transformo, allí pongo un parchecito, ahora tomo un poco de ayahuasca, ahora empiezo una terapia de dos meses, luego lo dejo, ahora cambio de pareja, uy, esto ya, para el año que viene, y, uf, esto, ya para la otra vida.

Siento decirte que si realmente deseas un cambio, vivir desde tu esencia y fuera de la esclavitud, tienes que tomar todos los aspectos de tu existencia, hacer un plan de rescate de tu alma y no postergarte, porque aquí hablamos de ti, porque tú eres todo lo que existe, porque, en esencia, estás conectado en el todo, si tú evolucionas, lo hacemos todos.

Cuando hay una crisis, y algo peta, lo siento, pero no se puede ir poco a poco, hay que tomar las riendas y poner orden, una limpieza profunda, como decía mi maestro acompañante, mi querido Ferran, «darle la vuelta a la vida como al calcetín».

Si realmente deseas renacer, la entrega es a morir, ¿te atreves?

No puedes parchear, porque entonces el cambio no se manifestará, o quizás sí lo parezca en la forma, en lo superficial, aunque no en lo profundo, todo seguirá gestándose desde el mismo lugar, y te lo digo desde la vivencia propia y desde las decenas de intentos.

Con *7 semanas para renacer,* tienes la oportunidad de remangarte, un día a la vez, de uno en uno, sin estrés, ni querer comerte 49 píldoras de una vez.

Esto es un viaje homeopático, de uno en uno, pequeñas dosis, aunque sumamente efectivas y profundas.

Eso sí, dependerá de tu nivel de honestidad contigo, de tu capacidad de actuar.

Es importante no ser condescendiente ni alimentar la procrastinación.

Será muy interesante que observes cuándo te es más fácil realizar la práctica y la autoobservación y cuándo el día se resiste y tratas de evitar la propuesta.

Sí, la clave es la acción, no se modifica desde el pensamiento solamente, desde el darse cuenta, también incluimos la acción correctora, ¿cómo manifiestas el cambio? ¿Cómo lo haces visible? Con la acción en lo cotidiano.

Incluyo todo el espectro, el invisible y el visible, el pensamiento, la emoción y la acción.

¿Qué encontrarás en este libro?

— 49 prácticas escritas en este libro.
— 49 vídeos con la explicación del tema diario, a los que puedes acceder en la web.
  En este link encontrarás todos los recursos gratuitos que acompañan a este libro.
  https://maestrocorazon.com/libro-7-semanas-para-renacer-criskoro
— 49 análisis sobre los aspectos clave de tu personalidad y forma de existir.
— 49 propuestas de acción y corrección.
— 49 reflexiones y toma de conciencia diaria.

— 1 meditación que te acompañará cada día antes de iniciar la práctica, la puedes leer en el libro y acompañar con el audio que encontrarás en la zona de recursos de la web.

Es posible que hayas hecho numerosos cursos, formaciones o que incluso estés acompañando a otras personas en su camino de vida, tanto terapéutico como educacional, no importa, este curso es para todos los niveles de conciencia, es un programa para humanos en este momento evolutivo.

Precisamente, si estás acompañando a otras personas, más sentido tiene entrar en partes que al ego le pueden incomodar y que inconscientemente se pueden proyectar a terceros. Las personas que estamos en el rol de acompañar, aún tenemos más compromiso con la coherencia vital, la honestidad y la humildad.

En este camino me he dado cuenta de que la persona acompañante de procesos humanos o que lidera grupos de trabajo tiene ante sí el gran reto de conquistar la humildad, y este libro ahonda en ello.

Se trata de una propuesta que favorece la indagación y el trabajo interno, de desarrollo y evolución personal, generando un impacto directo en ti, en tu vida y en las personas que te rodean, y que, por resonancia y onda expansiva, también lo generará en la evolución colectiva.

Cada día se observa un aspecto del carácter, personalidad, forma de actuar para con nosotros, los demás, los proyectos y la vida. Y se propone una acción de corrección, sí, de alineamiento con el corazón y con una conciencia más elevada, de modo que se activen los circuitos superiores y nuevas conexiones neuronales, desde el neocórtex, nuevas memorias.

Se trata de un trabajo sencillo, a la par que realmente profundo, cada día vamos observando, y nuestra alma va sanando, permitiendo que cada vez entre más luz en los aspectos que ahora permanecen en la sombra.

Quiero destacar que éste no es sólo un trabajo para ti, para tu propio camino, aunque sea el primer impulso y el acto de deseo de transformación individual, éste es un trabajo de transformación que se suma al viaje evolutivo humano, mientras haces este camino, te das y das.

Cada vez que una persona despierta y evoluciona, impacta como mínimo a diez personas más en su entorno y a todos los descendientes, directos o indirectos, del árbol familiar.

Así que, aunque la puerta de entrada sea la historia personal, ésta no es nada por sí sola, necesita al resto del colectivo humano, necesitamos al otro para ir más allá.

Éste es el mayor acto de entrega y generosidad. Gracias.

— **¿Cómo se domestica al ego?** Actuando distinto, mostrándole que no dirige, sino que está al servicio de una conciencia superior, la sabiduría del corazón.

— **¿Cómo se desprograma la mente?** Con la práctica, la perseverancia y con estados expandidos de conciencia.

— **¿Cómo puedes conocerte mejor?** Indagando más en ti, yendo hacia dentro y viendo que, además, todo lo que hay afuera es un reflejo de tu interior.

— **¿Cómo deshacerse de patrones?** Desde la acción alternativa al patrón automático que tienes instalado. Siendo consciente, dando luz, perdonando, amando. Conectando el neocórtex con el corazón.

— **¿Cómo se puede trascender y evolucionar?** Con compromiso, práctica, autoconocimiento, perseverancia y paciencia. Nada más (y nada menos). A veces deseamos comprar milagros instantáneos, o incluso pastillas, aunque sean rojas, y que todo aquello que nos impide ser quien somos desaparezca en una exhalación.

Mi talón de Aquiles ha sido la inconstancia, con un fuego sagitariano en mi Sol, todavía hoy hay áreas que siguen siendo desafiantes para mí en cuanto a la perseverancia, y este libro es fruto de ella. Gracias.

Sin embargo, la única manera de avanzar ha sido y es el compromiso y la práctica. Para muchas personas es el mayor desafío, aunque, entonces, ¿para qué hemos venido?

La cábala es una de las herramientas más poderosas en cuando a la capacidad de dar orden al caos interno, al caos emocional en el que vivimos inmersos. Si se va integrando en el camino vital, aporta lucidez y claridad en este mundo tan confuso y mentiroso.

En cada desafío hay una oportunidad de crecer, madurar, autoconocerse, ir más allá de los límites mentales, mejorar lo cotidiano, paso a paso. No quieras subir el Everest de una vez, vas a necesitar varios campamentos base y mucha paciencia y perseverancia.

Te acompaño a conquistar la cima en esta espiral.

– **¿Qué vas a recibir?**

Puede que más sabiduría y conocimiento.

Ver dónde están tus bloqueos y la oportunidad de corregirlos.

Ver dónde te estás repitiendo y la posibilidad de hacer algo nuevo.

Descubrir partes de ti que desconocías.

Pillarte en las mentiras que te cuentas para sobrevivir.

Observar el camino que ya has recorrido, lo que ya has conquistado y honrarlo. Empoderarte y conocerte, conquistar aspectos de ti que no estabas habitando.

Amor, mucho amor hacia ti y hacia los demás. El gozo de dar sin esperar recibir.

Y al final, simplemente eso, ábrete a recibir, sólo a recibir, el milagro de existir, aquí y ahora, en este momento. Llega hasta el final, tiene premio.

– **¿Cómo lo harás?** Es una píldora diaria, ni dos ni tres, te recomiendo que lo hagas cada día, durante 49 días.

La idea es que los hagas seguidos, que puedas profundizar, si empiezas a caer en «voy a ir poco a poco», «iré haciendo», etc., estás alimentando el ego y la mente. **Te advierto algo muy importante, tu mente no quiere que hagas este trabajo.**

Aunque ahora te diga que sí, que es genial para este momento de vida y justo lo que estabas demandando y que además te lo han recomendado, llegará un momento en que puede que empiece a quejarse, y ahí es donde actúa tu poder de elegir, de abrir un nuevo camino entre la mente y tu corazón, de hacer nuevas conexiones neuronales.

Puedes tomarte un tiempo a primera hora de la mañana y con esa energía iniciar tu día.

O también puedes hacerlo al final del día de luz, al inicio de la oscuridad. En algunas tradiciones, como la hebrea, es justo con la caída de luz cuando empieza un nuevo día.

Así puedes llevarte la pregunta abierta al mundo de los sueños (un poco más adelante te hablo del poderoso acto de abrir una pregunta a la vida, al corazón, como salto en el camino evolutivo), y dejar que las respuestas y comprensiones lleguen a ti en ese estado ampliado de conciencia que es el dormir.

Hazte con tu libreta de bitácora, necesaria en toda aventura para registrar tus avances, descubrimientos y aprendizajes.

Y lo más maravilloso es que no es para hacerlo sólo una vez, sino que ya lo tienes en tu biblioteca para siempre que lo necesites, yo recomiendo hacerlo una vez al año mínimo.

— **¿Cuánto tiempo le vas a dedicar al día?** Dependerá de ti y de tu organización, suelen ser unos 30 minutos de observación y meditación. Aunque la propuesta estará activa durante las 24 horas de los 49 días.

Además del cambio de actitud que se propone para ese día en el aspecto determinado de tu vida, la propuesta es tener una actitud atenta y despierta ante la vida en estos días. Así que, en realidad, estás en la atención a la práctica durante todo el día, sin desconectarte del observador.

¿Por qué? Porque es maravilloso ver cómo la vida te muestra las personas, las situaciones, las sincronicidades que te ayudarán a llevar a cabo esta práctica transformadora desde el momento en el que diste tu sí a iniciar este camino de renacer vital.

Muchísimas gracias de corazón, deseo que todas estas herramientas que pongo a tu servicio te sean útiles en tu evolución.

Gracias de todo corazón, aunque no fui del todo constante, todas y cada una de tus palabras me resuenan y me han cambiado o han sembrado en mí la pequeña semilla de los cambios. Gracias por aparecer en mi vida, cambiando empecé a cambiar todo a positivo en mi vida en pequeños pasos, gracias de todo corazón, espero conocerte algún día en persona.

MARLENE ZORRILLA

*   *   *

Me fui dando cuenta de que aún me exijo mucho, que busco una aceptación o reconocimiento de otras personas sin aceptar el mío, que aún tengo que trabajar en humildad y compasión conmigo. Mi ego, mi inseguridad y la rutina me influyen mucho, pero también sé que hay momentos que hago cambios pequeños, pero que comienzo, y eso es lo importante, ya que poco a poco busco generar esos cambios para obtener diferentes resultados.

E. BADDOUR

*   *   *

7 semanas para renacer *es una invitación para mirar, reconocer y derrumbar los muros que hemos levantado a lo largo de nuestras vidas. Es un espacio para aprender el arte de amar(nos) y tender puentes desde el corazón.*

MARI VALLEMO

*   *   *

A mí me ha parecido muy interesante y de un gran valor. Me ha gustado y me ha llegado mucho la forma de comunicar cada tema, directa, honesta y amorosa. Mis principales dificultades han sido la falta de constancia por mi parte, que algunos temas me resultaban un poco abstractos y que para algunos aspectos he sentido que necesitaría mucho más tiempo para poder trabajarlos. Es como si se me abriesen muchos frentes a la vez.

OLGA V. J.

*   *   *

A medida que iba avanzando en los días, notaba la potencia de la meditación. Supongo que influía el ser más consciente de todo por lo que nos ibas aportando. Lo de ayer estuvo muy bien. Hoy al despertar, me he preguntado: ¿qué me pasa? Y es que notaba la vibración de la energía en mi cuerpo. Estamos a media tarde y sigue. Está siendo un día muy especial. Me siento…, la palabra es unificada. Gracias Cris Koro.

SARA

*   *   *

Estos 49 días han sido un período de introspección muy bonito y a la vez desafiante. Me ha gustado mucho y siento verdadero agradecimiento por todo el material y el tiempo que nos has dedicado. Gracias.

MARISA RUIZ

*   *   *

Para mí el proceso es importante porque me permite identificar y reconocer lo que me habita, mirarme sin máscaras, analizar mi relación con los vínculos con términos como amor, disciplina, humildad, persistencia, lide-

razgo; estas semanas fueron un gran viaje a iluminar mi interior. Infinitas gracias, Cris.

SUANNY

* * *

GRACIAS. No podría haber seguido un programa en el que no viera la fe y la implicación de la persona que lo imparte. Normalmente ese es mi «problema» a la hora de dejarme guiar, no consigo bajar la guardia si no veo el ejemplo en el terapeuta. Tengo una niña interior muy dañada que no se fía fácilmente. Y muchas veces no puede evitar captar la falta de coherencia en muchas de las personas que a lo largo de mi vida he conocido que predican, pero no con el ejemplo.

FRANCINA

* * *

Es un viaje al almacén donde nos vamos encontrando con nuestras resistencias y haciéndonos libres. Soltando nuestras creencias limitantes y aprendiendo a nutrirnos con Amor.

CARMEN LEMOS

* * *

Agradecido mi corazón. A lo largo de estos días lo más maravilloso fue vivir las coincidencias del día a día. En ocasiones las pruebas eran similares a la acción del día. Me he colocado frases que me han llegado y las atesoro en mi corazón, las relacionaba con alguna fotografía que la sustentaba. Las cambiaba en las mañanas y me acompañaban a lo largo del día. Debo trabajar en mí misma y transformar mi esencia, trabajo por mi cuenta y muchas veces mi manera de ser me lanza a cosas no tan agradables, siento que mi familia se me va por necesitar más de mí cada vez. Tengo duelos no resueltos y situaciones de tristeza que he identificado y estoy transformando poco a poco. Ha sido inspirador escucharte porque cuando sentía que no podía más, había una frase que cambiaba el sentido del día y me motivaba a seguir. Me costó hacer la meditación cada día, sólo la leía y meditaba antes de dormir y por la mañana para intentar tener mi mente en calma. Seguro que lo haré nuevamente. Gracias.

Zaira S.

* * *

¡¡¡Es maravilloso!!! Un viaje de transformación que requiere de compromiso, perseverancia y amor con uno mismo, pero de la mano de Cris fue engrandecedor y una gran brújula para saber qué camino tomar y dónde trabajar más ciertos aspectos. Es muy esclarecedor, ya que no me daba cuenta de muchas cosas hasta que las trabajas de esta manera, con las preguntas se abren grandes posibilidades para ti y para generar un cambio profundo. Sólo puedo dar gracias a Cris y a mí por darme esta oportunidad. Y el cierre es simplemente maravilloso.

Rocío G.

El buen cierre de etapas vitales

Esta práctica está orientada a acompañarte en un proceso de muerte y renacimiento, de dejar atrás una etapa y abrir otra nueva, cerrar un ciclo vital y abrir una nueva versión de ti. Ya sea por un profundo deseo de transformación, de dar un salto de conciencia en tu camino evolutivo, un cambio vital. O si, además, este deseo viene acompañado por desafíos externos como:

- Fin de vínculo, ruptura de pareja o similar.
- Emigración o cambio de país.
- Cambio profesional, despido, cambio de empresa.
- Proceso de sanación de una enfermedad potente.
- Romper con un hábito tóxico, adictivo.
- Duelo por la despedida, muerte de un ser querido.
- Proceso de muerte y tránsito, fase final.

Según la cábala, y diría que el sentido de la vida, cuando cierras una etapa, cuando dejas atrás un tiempo y una forma de tu vida donde has invertido energía, vida, aprendizaje, entrega, hay que cerrar la puerta energética bien cerrada, o más bien, enterrarla en la tierra y con unas bellas flores, bajo el cartel D.E.P.

En caso de no cerrar el hilo energético que te vinculaba al lugar, persona, trabajo, etc., todo lo no cerrado, integrado, sanado, reconocido, amado, perdonado, comprendido, te lo llevas en la mochila energética listo para manifestarse en la siguiente etapa, en lo aparentemente nuevo que inicias.

Es decir, cambiamos de pareja, a veces demasiado pronto, incluso cuando aún no se ha cerrado con la anterior, ya se está empezando con otra persona, entonces, no hay separación, la siguiente persona será una fotocopia energética, a veces incluso física, de la anterior, porque el campo está demasiado cercano todavía.

7 días antes del 15 de marzo del 2020, él se había marchado de la casa y yo me quedé; quedarme en la misma casa es un desafío extra para la sanación y cierre de un vínculo, ya que, además, tenía que liberar el espacio físico de las memorias del pasado.

Recuerdo que pintaba las paredes blancas mientras entonaba el mantra «borro las huellas del pasado», y dejaba que todas las emociones afloraran en el acto del pintar: rabia, enfado, tristeza, dolor, amor. Fue toda una liberación.

Decidí hacer un cierre impoluto, o cuando menos, más consciente de lo que había sido capaz en el pasado, en el sentido de que no deseaba abrir a que llegaran nuevos vínculos sexoafectivos, ya sabes, esa costumbre de un clavo quita a otro clavo, y que más bien lo fija dos veces.

En algunas ocasiones, lo había hecho así en el pasado, sin planificar, por inercia, lo cual me hizo acumular más desastres con maravillosos aprendizajes que quizás sirvan para estar en el rol de ayudar y acompañar a otras personas.

Todo esto es para contarte que como la casa es tan grande y quería dedicarme enteramente a esto que estoy haciendo ahora, decidí alquilar habitaciones que tenía libres.

La que estaba al lado de la mía la ocupó un chico que se acababa de separar, y conforme pasaban los días de convivencia, me di cuenta de que era un clon energético de mi anterior pareja, misma profesión, con la misma moto en otro color, las mismas zapatillas en otro color, la misma pasión por los mismos cachivaches electrónicos y electrodomésticos, el mismo gusto musical que mi expareja. Fue como si una cola del cometa energético de él siguiera pululando por la casa. A esto le llamo las bromas cósmicas, si estamos atentos, tenemos muchos regalos de este tipo.

Las personas que han llegado a mi vida después de él me han ayudado a hacer el cierre amando, perdonando, reconociendo aquellos aspectos de mí que no podía amar a través del espejo que me ofrecía el vínculo que acababa de terminar.

La maravilla, y a diferencia del pasado, es que esta vez no establecí con nadie la potencia del vínculo sexual, que eso me hubiera llevado a un bucle de no cierres bien hechos, dejando hilos energéticos desparramados entre piernas y corazones de otras personas, y de mi propia pelvis y mi corazón.

Éste suele ser el lío que llevamos en las memorias de los cuerpos por los siglos de los siglos, que sólo con mucha conciencia podemos ir sanando, limpiando y creando auténticos nuevos espacios para que algo, realmente nuevo, álmico y no karmático, acabe manifestándose en nuestras vidas a todos los niveles.

Y esto es lo que nos toca ahora, en esta encarnación, queridas almas viajeras, remangarse y ponerse manos a la obra, estos cuerpos están repletos de información obsoleta, y es demasiado peso para volar en la nave hacia la «nueva humanidad».

Ésta es la gran labor que realizamos a través de la terapia bioenergética, la cábala y otros rituales de muerte y renacer, enfocándonos en la liberación de memorias del cuerpo, físico, mental, emocional, energético, transpersonal, de modo que se creen nuevos espacios para una vida realmente auténtica, más alineada con el ser, con la semilla esencial y libre de exceso de pasado.

Por eso es muy recomentadable realizar una cuarentena de análisis, integración y liberación de todo aquello que se ha ido aprendiendo a diario.

Un proceso de sanación a todos los niveles, y por supuesto es útil para cualquier tipo de fin de ciclo, como he mencionado líneas atrás. Abordando desde una autobservación honesta, la cual libere y corrija aquellos aspectos de tu campo mental y emocional que han participado en la cocreación del «fracaso», cierre o lo todo lo que se haya dado en la pasada etapa.

En esta cuarentena se limpia por completo y renacemos como un nuevo ser, listo para vivir nuevas posibilidades, con todo el pasado reconocido, agradecido e integrado, y con una nueva visión de ti y del mundo que ves al abrir los ojos.

Guárdate este libro-herramienta, como guía para cada muerte y renacimiento vital, como forma de chequear la calidad del cierre y apertura.

El simbolismo de esta práctica en la tradición cabalística

Este libro está basado en una antigua y poderosa tradición cabalística, la Cuenta del Omer, que viene realizándose cada año en un período concreto en el que se abre el portal el energético que facilita la práctica diaria y la profunda transformación del alma a través de la propuesta de corrección y autoobservación diaria.

Este período es el tiempo entre Pesaj y Shavuot, justo 7 semanas, 49 días, la cuarentena del pueblo hebreo, el tiempo que tuvo que esperar para recibir la sabiduría de la Torá a través de Moisés.

Sin embargo, podemos realizar esta práctica ahora actualizada a los tiempos presentes y traducida al lenguaje cotidiano en cualquier momento del año; eso sí, más adelante te indico cuándo es más recomendable realizar esta práctica debido a la corriente energético-astrológica.

Primero te adelanto en términos superficiales qué es la cábala, y cómo ha sido y es una de las herramientas principales en la que baso mi transformación evolutiva.

Cábala significa en hebreo «recipiente», «vasija». Representa la parte mística, esotérica, es decir, oculta y no ortodoxa de la tradición hebrea más antigua y ancestral. Podemos afirmar que es nuestra tradición esotérica occidental.

Aporta la cosmovisión del origen humano, de la vida, del universo y la relación con lo divino, desde una mirada científica a la vez que mística. La cábala es pura tecnología metafísica, para navegar por la tercera dimensión.

No es una religión, y al mismo tiempo aporta una visión interpretativa de los textos sagrados muy distinta a lo que ha realizado la religión católica o la propia religión hebrea ortodoxa.

La cábala como herramienta representa un sagrado camino a la liberación de la esclavitud de la mente, de la esclavitud de un sistema de caos, de yugo constante, a todos los niveles: material, mental, emocional y energético.

Aporta conocimiento y sabiduría empoderadora en tanto pueda ayudarte a conectar con tu propósito y responder a las preguntas: ¿quién soy yo?, ¿para qué estoy aquí?

Sus inicios interpretativos datan más allá de los últimos siglos antes de Cristo y los primeros de la era cristiana, aunque el movimiento como tal surge alrededor de los siglos X-XII como escuelas de pensamiento en zonas de España y sur de Francia.

Utiliza diversos mapas y herramientas que corresponden a puertas de entrada a la sabiduría, a la interpretación práctica y a la integración en la vida cotidiana, como lo es la gematría a través del estudio del simbolismo de los números.

Y la base sobre la que he ido desplegando mi acceso a esta tradición es el Árbol de la Vida, en tanto que describe el camino de la manifestación, el camino de descenso de la luz, de la vida, de la energía, hasta convertirse en materia, pasando por las 10 sefirot, esferas, que representan las cualidades arquetípicas y energético-emocionales del ser humano.

Habla de todo el proceso creativo, del despliegue de la vida, de todo lo que ves cuando abres los ojos, y que también es la base, el mapa en este trabajo de 7 semanas para renacer.

Además, se suma la simbología que hay detrás de las 22 letras del alfabeto hebreo, representan el origen, el principio del lenguaje del presente. Aunque en este tratado no me extiendo más, te muestro unas pinceladas del gran portal que representa, y que, a su vez, es una mínima parte de todo el espectro de libros sagrados, tratados e investigaciones de la tradición hebrea, que, si sientes la llamada, te invito a investigar.

Mi intención no es aquí realizar un estudio de cábala ni extenderme en la explicación de una tradición que es prácticamente infinita, y que siento que me llevará toda esta existencia profundizar, espiral tras espiral, recordar y, por supuesto compartir, entregar, traducir.

Te cuento mi anecdótica aproximación a la cábala, y quizás te resuene si has vivido alejándote de todo lo que huele a religión, como yo.

Durante mis estudios y práctica en la escuela donde estudié bioenergética, que inicié en el año 2013, a partir del segundo año, se proponía por parte de la escuela y su cofundador Ferran Pascual el inicio del estudio de la tradición esotérica occidental, la cábala.

Yo, que venía de repudiar todo lo que estuviera vinculado con una religión, dogma, y que se aproximara a la Biblia, el cristianismo, la palabra Dios era innombrable para mí, y por supuesto, lo judío, debido a mi sensibilidad política con la causa Palestina, esta propuesta me resultaba realmente difícil de aceptar, me generaba rechazo, resistencia, tanto que, menos yo, todas las personas que formaban parte de mi grupo de formación entraron a estudiar.

Tenía excusas de lo más creativo, y a veces, puro juicio, que escondían un miedo, una ignorancia y seguramente una mente demente sabedora del gran salto desprogramador que le venía encima de forma inminente.

Cuando terminé los 3 años de bioenergética, fue cuando empecé a regañadientes y sin estar del todo convencida.

Mi primera clase de cábala me la pasé llorando de emoción, en dos horas se activó en mí toda la comprensión de su significado y mis células hicieron volteretas de contento, de reconocimiento, mi corazón se abrió de una forma nueva, y comprendí también por qué había estado resistiéndome por más de dos años, por toda una vida, negando, juzgando, malinterpretando.

Donde está el miedo, está la puerta.
Donde está la resistencia, está la puerta.
Donde está el juicio, está la puerta.

La propuesta desmontaba todo un sistema de creencias que se había instalado en mi mente, en mi educación católica, en mis tiempos de activismo político y antisistema, y por supuesto, en el desconocimiento de los tesoros que están ocultos detrás de lo visible, detrás de lo obvio. Algo que he tenido delante de mí, por toda una vida, y que no he podido ver.

Y ésa es la maravilla de la cábala: desvelar lo oculto. Y para ello, buceamos en lo invisible, aceptamos la oscuridad, la amamos y reconocemos como parte de la vida, de la creación, como parte de nuestra más profunda existencia no dual dentro de la dualidad.

La cábala habla de misterios, tanto, que a veces tengo la sensación de que cuánto más estudio, menos sé, hay algo de desconcertante a la par que apasionante en esta tradición, que, aunque parezca revelar o mostrar, en realidad desea que la pregunta quede abierta y que cada alma encuentre su respuesta en su propio caminar, en su propio existir.

Así que aquí me encuentro, compartiendo estas preguntas vitales contigo.

Sigo siendo estudiante e investigadora de la cábala y de todo aquello que esté vinculado con las antiguas tradiciones no duales, que acompañan al empoderamiento, desde el autoconocimiento interno, la emancipación de lo externo, la búsqueda de lo Divino en lo más profundo del corazón. A la vez ahondando en información no escrita, que se revela accediendo a niveles de conciencia donde existe lo que no se puede nombrar ni interpretar, visionando así nuevas posibilidades de existencia en este planeta Tierra, tomando la información que llega desde el futuro.

Ésta es mi misión con el libro que tienes ante ti, traducir una práctica que hasta ahora ha estado enfocada a las personas vinculadas a la tradición hebrea, y me abro, con la máxima humildad, amor y respeto, a tomar por unos instantes este lenguaje y convertirlo en algo poderosamente sencillo, que aporte una herramienta integrativa en lo cotidiano de todas las almas humanas que, en este momento, deseen dar un salto evolutivo en su camino vital.

A su vez, si ya vives inmerso en la práctica cabalista, aquí tienes una guía fresca y actualizada para acompañarte en tu anual Cuenta del Omer.

Período del calendario para iniciar estas 7 semanas

Puedes iniciarlas cuando quieras, aunque si aprovechas las corrientes astrológicas y de la descarga de arquetipos energéticos que favorecen los ciclos de muerte y renacimiento, será más fácil terminarlo en tiempo. Digamos que esas corrientes energéticas van a favor de la práctica.

Si quieres alinear el trabajo de estos 49 días con la práctica de la tradición hebrea desde la mirada de la cábala, puedes realizarlo en las fechas alineadas cada año, son los 49 días que van entre Pesaj y Shavuot, esto quiere decir que se iniciaría con la Luna llena vinculada a la primera Pascua cristiana, suele coincidir con la misma fecha y con interpretaciones diferentes. Se inicia con la Luna llena en Libra.

En el hemisferio norte, va alineado aproximadamente con la primavera, y con el otoño en el hemisferio sur.

Te recomiendo que puedas mirar cada año, antes de Semana Santa cuando es «La cuenta del Omer» en un buscador de Internet.

Cuando se realiza así, se está alineando la transformación, la salida de la esclavitud, con millones de personas en todo el planeta que se suman a realizar la misma práctica.

De hecho, presta atención a nuestra comunidad en redes sociales «7 semanas para renacer», porque lo más probable es que yo esté acompañando ese ciclo en cada Cuenta del Omer, y será hermosísimo compartirlo cada día todas las almas que nos aventuramos a la transformación gracias a este libro.

Sin embargo, como te he comentado desde el inicio, esta práctica es adecuada para procesos de cierre, muerte y renacimiento, cuando lo que muestra la vida afuera es un profundo caos, cuando también puedes sumarte a iniciar en el día siguiente de la Luna llena mensual y, desde ahí, 49 días, cerrarás el proceso en una Luna nueva, en tu nuevo renacer.

El número 7

Nací en día 7.

Mi hija en el 2007.

Mi padre un 27.

Mi hermana un 27.

Mientras escribo este libro, mi madre cumple 77 años.

Mi hija entra en el viaje de la adolescencia, 3.º septenio.

Yo entro en mi 7.º septenio.

Iniciando este año, el 7 me hablaba por todas partes, en los sueños, en las matrículas de los vehículos, el número 7, 77, 777 se repetía por doquier, y era inevitable no prestarle atención.

En una noche me llegó crear el curso «7 semanas para renacer», un programa individual y otro colectivo, y así lo hice.

Después, a los pocos meses, llegó la práctica del Omer durante 7 semanas, la cual iba a realizar por tercera vez, y ahí todo se ensambló. Ésa fue la primera vez que después de recibir la Cuenta del Omer, yo la entregaba también.

El número 7 trae una potencia en sí mismo, es el número de la vida, número de la perfección, número cabalístico, místico.

El 7 contiene una vibración única que le otorga un poder transformador y de salto hacia otro nivel evolutivo, completa el círculo de la manifestación, y puede iniciarse un renacer desde otro lugar, con el ciclo y camino previo integrado.

Perseverar en el ciclo de los 7 días, de las 7 semanas, es la victoria del espíritu sobre la materia.

Algunas significaciones del 7

7 pecados capitales: Lujuria, pereza, gula, avaricia, soberbia, ira, envidia.

7 plagas de Egipto popularmente, aunque en realidad fueron 10 (7 padecidas por egipcios e israelitas/10 sólo por egipcios): Aguas de Nilo en sangre, invasión de ranas, invasión de piojos, plaga de moscas, muerte del ganado, epidemia de úlceras, granizada destructiva, plaga de langostas, tinieblas permanentes, muerte de los primogénitos egipcios.

7 maravillas del mundo antiguo: Gran Pirámide de Guiza (Egipto), jardines colgantes de Babilonia (Irak), templo Artemisa (Turquía), estatua de Zeus en Olimpia (Grecia), mausoleo de Halicarnaso (Turquía), Coloso de Rodas (Grecia), faro de Alejandría (Egipto).

Simbología del Árbol de la Vida, con las 7 esferas emocionales y las 10 completas.

7 colores del arcoíris.

7 notas musicales: Do, re, mi, fa, sol, la, si.

7 días de la semana asociados con los cuerpos celestes que gobiernan el mundo.

7 número de la vida como representación de la supervivencia de los sietemesinos.

7 número cabalístico en distintas culturas.

7 chakras en el cuerpo humano.

7 se menciona 737 veces en la Biblia

7 número de la perfección. Al séptimo día Dios descansó del trabajo de la Creación. Marca los ciclos de 7 tiempos.

7 representa el sábado, el día de *Shabbat.*

7 niveles del alma: 1 elemental, 2 mineral, 3 vegetal, 4 animal, 5 humano, 6 semidios, 7 Dios.

7 leyes universales: 1 mentalismo: todo es mente; 2 correspondencia; 3 vibración, resonancia, atracción; 4 polaridad; 5 ciclicidad; 6 causa-efecto; 7 polaridad.

Los 7 atributos emocionales

Aquí están los 7 universos emocionales en los que ahondaremos durante los 49 días. Y dentro de cada aspecto emocional, profundizaremos en sus 7 atributos, 1 cada día, hasta los 49 días.

Cada área está vinculada a una de las esferas, del mapa de despliegue vital basado en la cosmovisión cabalística. La explicación y el detalle se amplía en la introducción de cada semana.

Es un camino de observación de 360° en torno a cada una de estas cualidades emocionales necesarias para alcanzar el éxito, la plenitud y la liberación en términos completos de vida.

1. El amor incondicional
2. La perseverancia, la disciplina, los límites
3. La belleza, el equilibrio, la compasión
4. La persistencia, la ambición, la fortaleza
5. La humildad, el esplendor
6. La cohesión, el fundamento, los vínculos
7. La nobleza, la soberanía, el liderazgo vital, la dignidad

Te propongo una primera visita, para que ahora, antes de iniciar el viaje de profundización, puedas tomar una primera foto instantánea de cómo te ves en estas áreas de tu vida.

Te presento esta rueda de los 7 atributos emocionales, puedes indicar del 1 al 10, cómo te sientes ahora, en este instante, de forma intuitiva, al leer cada atributo de los 7 ¿dónde dirías que estás?

Al final del libro, volverás a hacerlo y podrás observar tu evolución gracias al desarrollo de la práctica propuesta.

LA RUEDA DE
Los 7 atributos emocionales

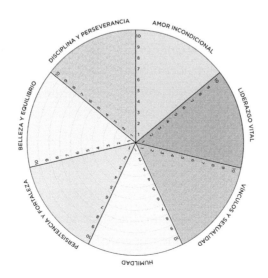

El poderoso acto de integrar

Visualiza la estructura del tronco de un árbol, sus anillos formados a través de cada ciclo se integran, sumando la información vital que se ha dado en el transcurso del tiempo.

Cuando hablamos de salir de la zona de confort, dejar atrás, saltar al vacío, no es tanto esta mirada de cambio radical a lo bestia sin mirar atrás, sino más bien la propuesta es ensanchar la zona de confort, hacerla más grande, más amplia, como hace un árbol al crecer, año tras año, ciclo tras ciclo. De modo que te llevas a tu nueva vida, a la nueva etapa, todo el aprendizaje anterior.

No es necesario tirar por la borda el pasado en forma de negación o rechazo, sino, más bien, enviar al reciclaje, al compost vital, lo que ya no necesitas, convirtiéndolo en abono para las nuevas semillas e integrando lo que sí te nutre, te empodera y te capacita.

En ocasiones, las personas que estamos sumergidas en procesos de desarrollo espiritual, autoconocimiento, búsqueda de sentido y sanación, vamos abriendo temas, ahondando en heridas, sin completar el proceso de cierre de cada proceso. Eso significa que avanzamos al siguiente nivel, sin haber cerrado el anterior, recolocado cada aspecto en su lugar a través de la única herramienta posible, que es el amor.

Javier Wolcoff decía que, en realidad, la única posibilidad de trascender de una etapa a la otra es cuando puedes amar todo lo anterior, aceptar todo lo que fue, aceptar todo lo que es y lo que eres.

No hay nada que entender o comprender, eso sucede en la mente, integrar es amar, todo lo que puedes hacer si quieres evolucionar es amar más, y eso sucede en el corazón.

Los ritos de paso

Es importante decir que llevamos integrado la memoria del ritual en las memorias heredades de nuestros ancestros. El ritual se establece como un puente de diálogo con ese invisible, con aquello más grande que nosotros, el misterio de la existencia, lo que no tiene explicación con la razón, en las memorias heredadas de nuestros ancestros.

Joseph Campbell, en su libro *El héroe de las mil caras,* habla de muchos de los mitos que llevan al humano a emprender un viaje iniciático, un rito de paso, de modo que pueda saltar de una etapa a otra, tomando nuevos dones, talentos y capacidades para su nueva fase en el transitar como alma en cuerpo humano de viaje terrestre.

Todas las tradiciones llevan implícitas en sus ritmos vitales los ritos de paso, tránsitos de empoderamiento.

El primer rito de paso que vivimos es el parto, salir de la unidad a la dualidad, es la puerta de entrada del alma en la tierra.

A partir de ahí, si tomamos conciencia, veremos que vivimos muchos más partos simbólicos en la vida: crear proyectos, empresas, relaciones, traer a de la luz a la tierra un acto creativo es un parto.

De la infancia a la adolescencia es un salto, ahí desciende una nueva versión de la personalidad, y es importante haber integrado correctamente al niño y a la niña interior, en el corazón, para que el salto a la adolescencia, como gran emancipación de los padres sea sana y capacitadora para todo el sistema familiar.

El siguiente paso importante es de la adolescencia a la adultez, hacerse mayor. La comunidad de los masáis en África, así como muchísimas tradiciones y comunidades conectadas profundamente con los ciclos humanos y de la tierra, envían a sus jóvenes, como rito de paso, solos, sin nada material, a buscarse la vida a la tierra, tendrán que vivir por sí mismos, comer y protegerse de los riesgos de existir en el medio en el que han decidido desarrollarse.

Estarán conectados espiritualmente con sus madres, que sostendrán las velas encendidas, la llama de sus corazones en conexión, hasta que vean regresar de nuevo a sus hijos a la comunidad, esta vez, hechos adultos.

Digamos que la versión humana occidentalizada, ha diluido sus ritos de paso desde el nacimiento a la muerte, influenciada por la Iglesia

Católica, y sobre todo por el capitalismo, donde el ritmo de las estaciones viene marcado por el cambio de colecciones de las marcas de moda.

La mayoría de los tránsitos de etapa se caracterizan por un desembolso económico bastante elevado, como los bautizos, las comuniones, las confirmaciones, las bodas, los entierros.

En cada ritual, el alma, cambia de etapa, ha aprendido, ha integrado la anterior escena del teatro vital, y ahora está lista para nuevos retos y desafíos. Se trata de recuperar el poder del ritual, del rito de paso como parte del viaje iniciático hacia el siguiente nivel.

Por eso, en la espiritualidad integrada en la vida, utilizamos también los rituales psicomágicos como herramienta cotidiana en la que la mente se reprograma gracias al lenguaje simbólico. Una forma de comunicación que contiene información reprogramadora, escondida detrás del acto en la materia que trasciende la literalidad y entra en un lenguaje de poderosa y mágica transformación.

Este camino de 7 semanas es un rito de paso para tu alma, es un cierre y una apertura, un morir y un renacer, prepárate para honrarte y para este merecido ritual.

El viaje del alma

Si te digo ahora que la muerte no existe, que la vida no tiene principio ni final, quizás se desmonte el ideario occidental y parte del sistema de creencias con el que hemos sido programados.

A la iglesia y al orden imperante le ha resultado muy rentable manejar a las masas gracias a la instauración del sistema del miedo, básicamente, del miedo a morir.

El alma es infinita, y en la esencia energética que alimenta el cuerpo-casa-vehículo en el que vives, habita el alma, esa porción de conciencia que evoluciona y aprende gracias a experimentarse como humano en el planeta Tierra. Todas las experiencias que vivimos en nuestra vida humana, las cómodas y las incómodas, las amorosas y terroríficas, forman parte del proceso de aprendizaje del alma.

Mira a tu alrededor e identifica a las personas con las que tienes abiertos conflictos, o que sientes son fuente de sufrimiento, esas personas son maestras para tu alma, y tú para ellas.

Este trabajo de 7 semanas para renacer supone una clara identificación de aquellos espacios, vínculos o formas de vida donde el alma está aprisionada, es esclava y no avanza en su camino evolutivo, o quizás aquellos aspectos clave que son los que ha venido a experimentar.

Esos 7 atributos emocionales que hemos nombrado anteriormente y sobre los que se basa esta práctica suponen aquello que tu alma ha venido aprender, la tuya y la de toda la humanidad.

Somos una sola alma, una sola conciencia en unidad, experimentándose a sí misma en el mundo de la dualidad, aparentemente separada en la forma a través del cuerpo físico.

Estos atributos son lo que hemos venido a aprender, así de simple, o no…

- El amor incondicional
- La perseverancia, la disciplina, los límites
- La belleza, el equilibrio, la compasión
- La persistencia, la ambición, la fortaleza
- La humildad, el esplendor
- La cohesión, el fundamento, los vínculos
- La nobleza, la soberanía, el liderazgo vital, la dignidad

Me encantaría extenderme ampliando estas afirmaciones a propósito del viaje del alma, aunque se alargaría demasiado, ¡es tanto lo que deseo comunicar! Te recomiendo que, si deseas abrir el portal de sabiduría sobre los ciclos de vida y aprender más sobre la muerte del cuerpo físico y el viaje infinito del alma, investigues, por ejemplo, el trabajo de Elisabeth Kübler Ross y Robert Schwartz, en relación con la muerte, los tránsitos y el viaje del alma humana.

La noche oscura del alma

Es el nombre que recibe ese momento de la vida en la que aparentemente todo se derrumba.

Juan de la Cruz, ha escrito todo un tratado respecto a la noche oscura del alma.

Más adelante los llamaremos los tsunamis vitales. Aquel momento que llega para desmontar completamente el tinglado de vida mentira, y es el alma quien provoca estos sucesos como enfermedades, despidos, separaciones, ruinas económicas, para despertar a la honestidad del alma, aprender y dar un salto en el camino evolutivo.

Es el ego el que está destrozado, el alma te da una oportunidad de dar un salto, utilizar toda la potencia emocional de ese momento aparentemente devastador, para renacer con fuerza a una versión más auténtica de ti.

Según los descubrimientos en cuanto al viaje del alma de Robert Schwartz y otras tantas personas investigadoras de lo humano, podría afirmarse que incluso todos los desastres, situaciones difíciles, enfermedades y acontecimientos graves, formarían parte del plan del alma escogido antes de encarnar para su adecuada evolución.

En la noche oscura, aparecen sentimientos de soledad, pérdida de sentido vital, aislamiento, sensación de no encajar, caos, y ésa es la gran oportunidad de tomar ese tiempo de caída de pilares, para crear una nueva versión de ti, alineada con tu esencia y el propósito de tu alma.

En este tiempo, se dan los mayores aprendizajes, la conciencia oscila entre altibajos emocionales que van desde la mirada más elevada y conectada con una claridad divina, a descender a las profundidades arrastrados por el miedo y el victimismo.

Esta etapa caótica, traerá pruebas vitales que pedirán un posicionamiento, y es desde tu decisión desde donde se abrirá el nuevo camino o volverás a la repetición.

EL CAOS
EL FINAL Y EL PRINCIPIO DEL NUEVO ORDEN

EL LÍMITE
EL SUFRIMIENTO
LA CONFUSIÓN
CRISIS (PERSONAL, SOCIAL, HUMANA)
ESTRATEGIA VÍCTIMA

EL PUNTO DE BIFURCACIÓN

VUELTA AL CAOS (REPETICIÓN)

CAMBIO DEL NIVEL DE CONCIENCIA

DE LA SEMILLA POTENCIAL A LA NUEVA VIDA
No todas las semillas del corazón brotarán, miles de millones de humanos nacerán y morirán en la esclavitud, y tú ¿qué eliges?

¿Realmente deseas un salto? Bien, demuéstralo.

¿Quieres dejar atrás la esclavitud? Tendrás que pasar algunas pruebas.

Como puedes ver en la imagen anterior, ante estas dificultades, se mostrarán dos caminos claros, la repetición, por tanto, vuelta a un caos disfrazado de nuevo orden. O el camino hacia el cambio de nivel de conciencia, el salto evolutivo con el aprendizaje integrado.

En esa oscuridad del ego, se esconde la semilla de lo nuevo, al igual que en la oscuridad del interior de la tierra, la semilla espera el tiempo y las condiciones adecuadas para brotar.

Esta práctica de 7 semanas para renacer es el terreno fértil donde tu semilla de vida, creatividad y transformación encontrará el camino para brotar, siguiendo la luz que se cuela en la grieta de la coraza, con la fuerza de tu compromiso, honestidad y perseverancia.

El portal que abre una pregunta

Hazte preguntas. No des nada por sentado. No aceptes lo que te viene dado. Cuestiona el entorno, cuestiona tu mente, no te creas todo lo que te cuentan, no te creas todo lo que percibes con tus cinco sentidos, ni si quiera, todo lo que te cuento en este libro, sigue preguntándote y conviértete en tu propio gurú.

Desde la mirada cabalística, la pregunta es un diálogo directo con el sistema de la creación del universo.

Lanzas una pregunta y dejas que la respuesta llegue no solamente a través del lenguaje del pensamiento, sino que además te abres a recibir la información en forma de símbolos, mensajes, señales, personas, acontecimientos, lecturas; en definitiva, sincronías de todo tipo.

Todo es información, todo lo que ves cuando abres los ojos está dialogando contigo, de hecho, lo has creado tú, sin embargo, estamos tan distraídos que no siempre prestamos la atención adecuada, es lo que llamamos la sincronicidad, este precioso engranaje energético que conecta absolutamente todas las matrices de la existencia y nos devuelve a cada nanosegundo todo lo que necesitamos para la vida.

Durante la práctica, cada día, se abren preguntas, desde ahí aparece una oportunidad de transformación y profundización en tu autoconocimiento.

Esa pregunta es la puerta a que se dé el acto sincrónico para que cada día puedas recibir la información adecuada para elaborar tu práctica.

PARTE 2

Ten en cuenta antes de iniciar

Sí a la ilusión, no a la obligación

Es de vital importancia para la práctica y corrección de tu alma que esta propuesta la sigas y desarrolles con ilusión, por deseo y pasión, por amor, no por obligación.

Siente para qué emprendes este viaje y ritualiza este inicio, realiza una boda contigo, un compromiso, ancla este trabajo con toda tu energía orientada al cambio.

Como lo mencioné antes, a tu mente no le interesa en lo más mínimo continuar en este viaje, ya me irás contando qué tal desarrollas el camino, si aparecen o no las resistencias, a qué parte de ti prestas atención.

Ponle corazón, confianza en el proceso y gratitud a la vida por ofrecerte este regalo de evolucionar.

Ir con la mente del principiante facilita mantener la inocencia del niño y la niña que juega con lo que viene, sin juzgar ni presuponer.

Este programa, o curso, o práctica es compatible con lo que ya hayas hecho hasta ahora o estés haciendo, ponle ganas, pasión e ilusión, y ríete mucho de ti cuando lleguen las trampas de la mente que traten hacerte abandonar.

Todas las tradiciones nos regalan yogas, prácticas, tanto físicas como psicológicas, para corregir la mente automática, para escoger el camino del amor y de la luz, y dejar atrás lo que en cábala se llama el ángel de la muerte, ganarle la batalla a un ego resistente que pretende mantener la hegemonía en nuestras vidas.

Amamos al ego, es vital y necesario en este sistema y dimensión, aunque alineado con el corazón y domesticado a la voluntad del maestro que reside en nuestro interior.

El ángel de la muerte impide cambios y sirve a memorias que perpetúan la separación, a memorias instaladas en los cuerpos, demasiado antiguas, vinculadas al inconsciente colectivo que busca mantener la esclavitud global, en todo aquello que nos hace mal, tanto física, como energética como espiritualmente.

Estos ejercicios son la gimnasia que ayuda a mantener los músculos del poder de elegir, alineados con la sabiduría del sistema de la liberación.

Entonces, sí, buscamos conquistar la perseverancia y la voluntad, con la ilusión y la pasión del cambio a través del autoconocimiento.

Te invito a que te sumes al grupo de Telegram «7 semanas para renacer», y puedas compartir con quienes están realizando el mismo viaje que tú, no vamos solos, es un camino compartido.

Ahí encontrarás el apoyo, inspiración, sostén y la tribu de corazón para conquistar la libertad de tu alma.

¿Qué pasa si no lo hago un día?

Planteo una práctica muy sencilla, aunque a veces pueden suceder cosas, y seguro que te sucederán, ahí vendrán las pruebas para cada salto evolutivo, y con ello, el ego te va a plantear mil y una estrategias, excusas, resistencias para desistir.

Esto es lo más importante, no te juzgues, lo importante es que sigas, que no lo abandones.

Si dejas de hacerlo 2-3 días seguidos, es la puerta para desistir, tenlo en cuenta, no voy a hacer de efecto Pigmalion, mi mirada hacia ti es absolutamente confiada en que tu corazón es más sabio que tu ego, si te ha traído hasta aquí, puede llevarte hasta el final, miles de personas lo han hecho y lo seguirán haciendo cada año, nada te impide ser una de ellas.

En el pasado, una de mis características era la falta de compromiso y perseverancia, logré dejar atrás esa creencia sobre mí misma al ver que sí podía terminar aquello que empezaba, aunque tuviera muchas resistencias para continuar.

Píllate, no seas condescendiente, hemos venido a empoderarnos y tomar las riendas de la vida, puedes escoger continuar, cada día, no te cuentes narrativas literarias adornando las excusas.

El poderío y el bienestar que sentirás al cumplir tu propósito vale la alegría de este maravilloso viaje de autoconocimiento y transformación.

Y si aparece una rendición o un deseo de abandono, ya sea en esta práctica o en cualquier área de tu vida, aprovecha esa disidencia interna para aprender y crecer, es decir, primero, no juzgarte, segundo, comprender qué hay detrás de la decisión, sin excusas infantiles, por favor, sin culpar afuera, con responsabilidad.

Pregúntate, ¿para qué me sirve no haberlo hecho hoy?

Si te das cuenta de que hay acciones vitales y prácticas que te destruyen, observa y pregúntate con mentalidad de exploración y no de juicio, ¿para qué sigo haciéndolo?, ¿por qué sigo permitiendo tal cosa? Sólo como un observador, nada más. Ahí hay un gran salto evolutivo.

Diferencia entre el observador y el juez interno. El observador sólo observa, y el juez, juzga, interpreta, etiqueta y sentencia.

Ésa es la práctica más maravillosa, que llena de luz la oscuridad. Históricamente, venimos marcados por el juicio y el castigo, lo cual es aún más doloroso que el propio acto, y aquello que se queda impregnado en la memoria corporal que continuará perpetuándose por las encarnaciones de las encarnaciones.

La apertura de procesos

Muchas personas que han realizado esta práctica coinciden en que supone la apertura de procesos de introspección y transformación importantes.

Sin embargo, muy pocas son las que aprovechan esa apertura para el cambio. Ven que se abre algo, se asustan y abandonan. «Uy, no es el momento», «Es demasiado».

Ten en cuenta que vas a abrir la puerta para acceder a la información que está escondida en el inconsciente, así como en la oscuridad de las duras corazas emocionales que, por mucho tiempo, han levantado un muro de inconsciencia sobre quién eres.

Tienes que estar con la disposición de soltar las barreras, ablandar las duras corazas emocionales y tumbar las murallas que te han protegido hasta ahora.

Sólo te digo, tranquilidad, todo movimiento y derrumbe de pilares forma parte del proceso de transformación, imagina el viaje que realiza un gusano para convertirse en mariposa, eso es este trabajo.

Mantén la calma, y ante cualquier proceso que no puedas manejar, pide ayuda, en Maestro corazón contamos con los profesionales para hacerlo, aunque si ya estás en un proceso terapéutico, suma esta información que se abra a tus consultas habituales, harás de este viaje algo todavía más transformador, sumando la potencia del acompañamiento personalizado.

Como he dicho antes, cuentas con la tribu que ha realizado esta práctica o que está en camino, como tú, usa los grupos de sostén.

Recuerda pedir ayuda si es necesario, es el principio del autocuidado, dejarse acompañar y no dejar procesos abiertos, inconclusos.

PARTE 3

La preparación de la vasija

Día 0, La preparación – Construyendo la vasija

Iniciamos la aventura aligerando mochila, viajemos liviano, creando espacio.

Es momento de tomar tu libreta de bitácora. Te recomiendo que te hagas con una libreta o usar el ordenador para escribir tus memorias del viaje, yo le llamaría algo así como «diario de renacimiento», o «diario de la liberación».

Te doy la bienvenida de nuevo. Gracias por traerte hasta aquí, por escuchar la llamada de tu corazón.

Tómate un día previo de introspección, recapitulación, preparando el terreno, el útero en el que gestar este renacer, 7 semanas de gestación del ser esencial que va a emerger al final del trabajo, cada día en mayor conexión con tu alma.

Primero comparto contigo algunas indicaciones útiles en cuanto a la logística y funcionamiento.

Así que éste es el principio el día 0, un punto de partida, calibrando la magnitud de tu esclavitud vital de la cual te quieres liberar.

Este primer día 0 te lo puedes tomar con calma para abrirte a responder estas preguntas.

Y, tranquilidad de nuevo, ésta es la única práctica que puedes ir haciendo durante esta primera semana, no hace falta que lo hagas de golpe el primer día, aunque si es tu deseo, adelante, viva la pasión, que arda el fuego creativo en tu corazón. Y así ya tienes esta parte completada y la vasija bien creada.

PRÁCTICA 1 – ¿Cuál es tu esclavitud?

Se trata de tomar conciencia de esas acciones, actitudes y momentos, en los que te percibes con una atadura, sobre todo al mundo material, emocional, vínculos, cuando te relacionas desde el egoísmo.

Es decir, cuando lo que rige tu vida es satisfacer tus propias necesidades y carencias.

¿Qué acciones en tu cotidianidad se rigen desde la mente, desde la manipulación, controlando o queriendo controlar todo lo que sucede?

¿Cuán potente es todavía este yo y tus personajes?

Ábrete a ver con mirada honesta, ¿qué absorbe tu energía en la vida que llevas?

Presta atención a las trampas de la mente cuando respondas a estas preguntas, va a intentar desviarte, conecta con la verdad de tu corazón. Responde desde la tranquilidad, sin urgencia.

Detalla las actitudes, personas, situaciones, actos.

PRÁCTICA 2 – Los tsunamis vitales

Revisa tu vida, mira hacia atrás y anota las veces en las que ha venido ante ti, un tsunami que ha arrasado con la forma en la que vivías.

Separaciones, enfermedades, accidentes, muertes cercanas, ruinas, despidos laborales, migraciones o todas a la vez, abusos de cualquier índole, violaciones, confinamientos, guerras. En fin, ya sabes, eso que viene inesperado y te da un duro golpe de realidad.

Por un momento, te sales de la rueda de ratón, y se te abre la puerta a ver la vida desde otra perspectiva.

Cuando la vida es profundamente tocada y conmovida, es cuando buscamos salida, cuestionamos la vida y valoramos emprender nuevos caminos, los cuales pueden cambiar el rumbo completamente de lo que ha sido tu vida hasta ahora.

Aunque, ¿qué pasa cuando la situación desaparece? La mayoría de las veces, nos relajamos, nos normalizamos y volvemos a la rueda de ratón, a repetir una vez más el patrón, sintiendo el alivio de haber vuelto a una especie de normalidad.

Al fin encuentras otro trabajo, llega esa persona nueva que te hace olvidar rápidamente el dolor por la pérdida anterior o consigues sanar la enfermedad o, mejor dicho, tapar el síntoma.

Desaparece el confinamiento, llegan nuevas normas condicionantes y promesas de libertad que en realidad es una vuelta a una esclavitud superior a la que tenías antes del evento.

Este tsunami llega para hacerte DESPERTAR, es un lenguaje del alma para avisar que por ahí no ibas bien.

Parece que las últimas versiones de humanos hemos necesitado experimentar profundas etapas de sufrimiento para cambiar y evolucionar.

Además, según las investigaciones, está demostrado que el alma pacta antes de encarnar aquellos acontecimientos importantes que le harán evolucionar, muchos desde el sufrimiento.

Interesante el trabajo de Robert Schwartz en esta línea que te invito a explorar. A mí me ha ayudado a vincular el conocimiento cabalístico con el funcionamiento del entramado matricial de las energías álmicas. Es decir, de todas estas personas y eventos que llegan a nuestra vida para traernos las mayores oportunidades de crecimiento y evolución, y que son un pacto previo a la encarnación.

¿Recuerdas algún tsunami en tu vida? Detalla la situación.

Revisa, mira lo que te pasó. Qué sentiste. Cómo actuaste durante este momento, qué decisiones tomaste y cuáles no tomaste y qué hiciste después, cuando el evento pasó.

¿Lo aprovechaste para salir del bucle? ¿Se debilitó tu momento de cambio y volviste a la rueda de tu normalidad?

¿Podrías reescribir esa situación desde una perspectiva un poco más profunda?

No verla como algo al azar que te pasó, o un castigo divino que no te cuidó. Podrías revisitarla y observar qué sentido profundo te trajo en ese momento.

¿Qué estaba intentando decirte tu alma al crear esta situación? ¿Lo comprendiste? ¿Escuchaste?

Cada tsunami te cuestionaba aspectos diferentes de ti. Cualidades diferentes.

Reescribe la situación no desde la víctima, sino desde una llamada de tu propia alma.

El sufrimiento de esa situación es lo que usa el ser humano para aprender. En ese sufrimiento, hay una posibilidad de cambiar y evolucionar, dar el salto cuántico que el alma pide, y por eso trajo tal evento.

¿Qué tal si dejamos de juzgar el dolor como algo malo, algo que podemos evitar?

Y a la vez, abrámonos al gozo y disfrute como modo de evolución y aprendizaje.

¿Has aprendido alguna vez a través del gozo y el disfrute?

El viaje del aprendizaje y corrección del alma también se puede hacer desde el gozo. Y esto es importante que se vaya implantando.

A veces, en el universo espiritual y del crecimiento personal, tendemos a entrar en la herida desde un lugar de sufrimiento, y aunque por supuesto es necesario reconocer la causa de nuestros efectos incorrectos, no olvidemos la vía del gozo y el placer como aprendizaje.

No hemos venido a este mundo a sufrir, hemos venido a aprender, eso es una programación muy profunda, aunque en este camino, te sugiero explorar, cada vez más, formas de gozo y placer como motor de cambio.

¿Puedes recordar alguna situación que cambió tu vida desde el gozo y la alegría? Escríbela.

Si no recuerdas ninguna, puede ser una oportunidad de aprender desde el gozo y empezar a reescribir tu vida, a llenarla de alegría de existir.

Aquí te traigo una guía para que, si te encuentras en medio de un huracán vital, tomes este tesoro como un regalo del universo para que separes la paja del grano, te quedes con las auténticas semillas de vida y reconstruyas tu nuevo ecosistema con lo que sí está alineado con tu alma, y lo que no, al reciclaje, al abono de la tierra.

PRÁCTICA 3 – Adicciones

Son las reinas de la esclavitud humana por excelencia.

Nos atan al instinto y a las fuerzas de baja densidad.

Y, sin embargo, no las juzgamos, ya no nos juzgamos, ojalá éste sea uno de los grandes logros de este viaje para ti.

Haz una lista detallada de todas las adicciones.

Ejemplos: pantallas, móvil, compañía, sexo, comida, alcohol, tabaco, consumismo, trabajo, dinero, reconocimiento externo, relaciones, drogas adictivas, drogas farmacéuticas.

Todo aquello que te separa de la vida y que no aporta nada evolutivo para tu alma, al contrario, amplía el pozo de oscuridad y el bucle, ya que, además, si eres consciente, te has juzgado por ello cada vez que lo haces. Es el pensamiento de culpabilidad lo que genera el bucle de repetición.

Insisto: sin culpa, sólo observa, ponlo frente a ti, fuera de ti.

Tú no eres estas adicciones, sólo pasan a través de ti, y quizás sean la puerta de la ansiedad, están calmando una ansiedad, y detrás de la ansiedad quizás haya un miedo o emociones profundas de difícil expresión de forma más saludable.

Así que mucho autoamor.

La primera práctica y recomendación es:

Escoge una y hazla sin culpa, con conciencia, la que sea, y, además, compártelo con alguien.

Eso que te da máximo placer, hazlo por un momento porque te da la gana. Sin justificarte, ni engañarte, ni contarte pelis de que lo haces porque al final es mejor hacerlo que vivir la ansiedad.

Reconoce tu egoísmo y hazlo compartido, con gozo. Ya que lo haces, disfruta.

Ésa es la alquimia, y un día, dejarás de hacerlo, de forma natural, ya no habrá juez interno, el dictador interno.

En cábala dicen que cuando miras un acto que hiciste y sientes un profundo asco y repulsión, es la garantía de que no lo volverás a hacer.

La segunda práctica es:

Escoge para estos días uno de tus vicios y déjalo al menos durante 7 días, si le das hasta 21, ya lo tendrás dominado.

No se trata de reprimir, el sentimiento de represión es el que más nos esclaviza, tómalo como un límite, los límites son amor, son contención y es la domesticación del ego.

Se trata de salir de la esclavitud externa, de lo que te aliena.

Meditación que acompaña

Esta meditación es una puerta para conectar con tu poder creador, con el Yo superior.

Eleva la llamada a la gran mente cósmica, si te sirve llámale Dios, Creador, Universo o aquello que te sirva para conectar la fuerza del deseo de transformación que, a final, eres tú.

Sobre todo, no lo pongas fuera de ti, lo llames como lo llames, eres tú, tú eres el creador infinito de tu vida, no le pongas género, no tiene cuerpo físico y, sin embargo, es la fuente de tu creación, así que dirígete a esa Divinidad, como esa parte sagrada que te creó para reconocerse a través de tu experiencia en este plano.

Es una conexión vertical, cielo-tierra, cosmos-corazón. El corazón es el portal de comunicación cielo y tierra, es donde la existencia hace el amor y crea.

Y a la vez, un compromiso cocreativo, participativo con la arquitectura universal.

Hazla antes de conectarte con la propuesta diaria, bajando así la luz de transformación vital.

La encontrarás en audio en el apartado de herramientas 7 semanas para renacer. Busca las referencias al final del libro.

Me conecto con la gran fuerza del amor, arquitecta, creadora universal. Este amor está en mí, siento que es en mí, siento que yo soy ese amor, instalado en cada una de mis células.

Con esta práctica diaria me abro a la participación en mi viaje del alma, que es el gran viaje del alma humana.

Manifiesto el profundo deseo de salir de la esclavitud del ego y abrirme a una vida creativa, donde yo participo con mi poder de elegir, con mi poder creador, aun con sus retos y desafíos, necesarios para mi evolución.

Me conecto con mi Divinidad desde lo más profundo de mi corazón, siendo guía para andar esta etapa del viaje de nuestra alma.

—*Manifiesto mi deseo y voluntad de incrementar mi capacidad de amar.*

—*Pido fortaleza, sentir el poder del amor creativo divino, para sobrellevar los retos que este camino a la libertad suponen.*

—*Deseo ser la expresión viva de la belleza en este mundo, en todas sus formas.*

—*Pido ayuda y manifiesto el deseo de perseverar hasta que el propósito de mi paso en esta existencia se haya cumplido.*

—*Me conecto con la humildad para aceptar mi lugar en el mundo.*

—*Me abro a reconectarme de nuevo con el universo vivo.*

—*Que mis acciones sean la expresión y la manifestación de la luz en la tierra.*

En estos 49 días, me abro a dar lo que cada día corresponda para la liberación de la esclavitud de mi alma, participando así en la sanación y transformación de las memorias humanas no integradas, que han alimentado la confusión y distorsionado mis percepciones de la realidad. Hecho está.

7 SEMANAS
PARA RENACER

El amor incondicional
Bondad – Entrega – Apertura

Abordamos la exploración de un amor que trasciende la materia.

Se trata de conectar con el amor primigenio, con el profundo deseo de existir en este plano. Es un amor que transciende cualquier mito, descripción, arquetipo, historia o guion.

Es un amor que, como suscribo abajo, no tiene descripción, no puede ser contenido en la palabra, la desborda.

Entonces, observamos en nuestra vida, a nivel espiritual, ¿a qué estamos obedeciendo?

En este camino que iniciamos hoy, vamos activando con más conciencia y presencia la conexión con un deseo y un amor mucho más elevado.

Entonces, vamos encontrando el equilibro entre las fuerzas de lo espiritual y de lo físico.

Cuando hay desequilibrio en el amor, podemos experimentar fanatismo, idolatría, hipocresía, idealización, proyección.

Son la manifestación de un amor egoísta, enmascarado. De un amor que ama para recibir para sí mismo.

Cuando nos damos cuenta de esto, entonces es momento de elevar el amor a instancias más altas, a una conciencia superior, y recordar de dónde vienes, del amor original, del profundo deseo de existir, y existir es dar, entregar, conectar, compartir, cooperar, amar.

El amor

La conceptualización del amor nunca es el amor en sí mismo.

El amor real tiene una conexión con el deseo de eternidad.

Todas estas palabras son vanas. Tú las lees, pero son falsas. Todo lo que pueda escribir del amor es falso desde el inicio, no existe nada que pueda encerrar en palabras este sentimiento. Las palabras, como siempre, limitan de tal modo la realidad que parece que hablen sobre cosas inexistentes.

Veo la mirada de un ser querido y siento en mi interior un fuego, un vacío que desea ser llenado, un deseo de eternidad… Es en el amor donde puedo sentir el deseo de eternidad; lo finito cuando ama se convierte en infinito.

El amor no se puede contener dentro de la finitud, sólo el amor nos eleva más allá de nuestro yo.

Quien dice que ama y sigue siendo el mismo de siempre no ama realmente. El amor trastorna al hombre en un torbellino que lo eleva más allá de todo. El amor es un deseo inexplicable de vencer a la muerte física. Por su causa, un ente finito deja su sensación de finitud y se expande hacia el otro. Todos los intereses del yo desaparecen.

Texto tomado de Mario Saban, doctor en cábala

DÍA 1 - El amor en la benevolencia

Amor es el componente que, individualmente, es el más poderoso y necesario en la vida. Amor es el origen y fundamento de todas las interacciones humanas. Es tanto dar como recibir.

Nos permite llegar más allá de nosotros mismos, sentir a otra persona y que esa otra persona nos sienta a nosotros. Es la herramienta por medio de la cual aprendemos a sentir la más sublime y elevada realidad.

Los sentimientos de bondad y de amor abundan en el mundo. Ellos pueden llevar al ser humano hacia alturas increíbles, o hacia el más profundo de los abismos. Hay formas de amor en su expresión más egoísta, amor al dinero, amor al poder, incluso la sexualidad vivida desde la tensión y el egoísmo suele ser una corrupción del amor y, como dije antes, el ser humano es capaz de todo por amor. Aunque también existe el amor al prójimo.

- *AUTOOBSERVACIÓN*

Examina el aspecto afectivo del amor, la expresión del amor y su grado de intensidad.

Todo ser humano tiene la capacidad de amar en su corazón. La pregunta es cómo lo concretamos y expresamos.

Pregúntate:

¿Cuál es mi capacidad de amar a otra persona?

¿Tengo problemas para dar? ¿Reconozco las partes de mí dañinas o egoístas?

¿Me cuesta dejar entrar a otro en mi vida?

¿Permito que haya lugar para alguien más?

¿Le temo a mi vulnerabilidad, a abrirme y salir dañado?

¿Cómo expreso amor?

¿Soy capaz de comunicar mis verdaderos sentimientos?

¿Me contengo al expresar mis sentimientos por miedo a la reacción del otro?

O, por el contrario, ¿expreso con frecuencia mucho amor demasiado pronto?

¿Malinterpretan otros mis intenciones?

¿A quién amo?

¿Amo solamente a aquéllos con quienes me siento vinculado?

¿Tengo la capacidad de amar a un extraño, de tender una mano solidaria a alguien a quien no conozco?

¿Expreso amor solamente cuando es cómodo?

¿Por qué tengo problemas con el amor y qué puedo hacer al respecto?

- *PRÁCTICA DEL DÍA: LA ACCIÓN*

Encuentra una nueva manera de expresar amor a un ser querido. Ama sin juicio, da por el amor a dar, a cuidar, a nutrir.

Observa la calidad el amor en este vínculo.

DÍA 2 - Los límites en el amor

Un amor sano incluye un elemento de disciplina y discernimiento: cierto grado de distancia, respeto por el otro, una evaluación de la capacidad del otro para contener tu amor.

Nombramos la disciplina y puede llegar a nuestra mente quizás energía de rechazo, ahora que está tan de moda el fluir, se trata de incorporar en nuestro vocabulario las palabras adecuadas resignificando sus atributos, ayudándonos así a dar un equilibrio entre las fuerzas del caos y las del orden, siendo el caos oscuridad y el orden luz.

El amor sano es templado y equilibrado.

Pregúntaselo a un padre o madre que, en nombre del amor, ha malcriado a su hijo, sin poner límites. O alguien que sofoca, agobia o acapara a su pareja con su amor y no le permite al otro un espacio propio para sí mismo, y que, a su vez, quien acapara, se ha alejado muchísimo de sí mismo, de su centro, de su alma.

Es necesario el amor con discreción para evitar la entrega a quienes usarán el amor para perpetuar una conducta negativa, por tanto, sería un amor karmático.

Poner límites: los límites son amor, como lo es la membrana que protege el núcleo de una célula para que pueda vivir y desarrollar sus funciones vitales, como lo son unos padres que cuidan a su cría mientras no puede valerse por sí misma.

Los límites de decir no, cuando es un cuido a la energía de quien da y quien recibe.

Piensa si cuando das, también es un bien para el otro, y cuando te abres a recibir, date cuenta del placer que le das al otro, pudiendo darte, permitiendo activar la generosidad en el otro.

Durante la práctica del día de hoy, date cuenta de cómo es la calidad del intercambio de energía del amor a los que amas y a quienes das.

Verifica si el intercambio es saludable, ya que, en muchas ocasiones, dar en exceso es en realidad una forma de controlar al otro y hacerlo dependiente, aunque sea de forma inconsciente, y si hay coerción, no es amor.

Una forma de corregir este desequilibrio o cualidad de intercambio de amor es permitir que el otro te dé y recibirlo conscientemente, poniendo intención en el acto de satisfacer el deseo de dar de la otra persona y no tu deseo egoísta de recibir.

• *AUTOOBSERVACIÓN*
¿Toman otros ventaja de la forma en la que doy?

¿Estoy hiriendo a alguien convirtiéndome en su muleta en nombre del amor?

¿Estoy hiriendo a mis hijos e hijas al imponerles mi sistema de valores porque les amo tanto?

¿Respeto a aquél a quien amo o es un amor egoísta?

¿Soy sensible a sus necesidades o actitudes?

¿Veo al ser que amo como una extensión de mí mismo y mis necesidades?

¿Tomo en cuenta la capacidad de mi pareja de recibir amor antes de dárselo?

> La lluvia es una bendición
> Sólo porque cae en gotas
> Que no inundan el campo.

• *PRÁCTICA DEL DÍA: LA ACCIÓN*
Eleva tu mirada como un águila y observa cómo son las cualidades de tus vínculos en cuanto a la disciplina en el amor.

Ábrete a recibir y no te concentres en lo que te dan, sino en quién da, y hazle sentir feliz por haberlo dado.

Hoy recibe lo que te den como sea que venga, no te concentres en lo que te dan sino en quién da y hazle sentir feliz por haberte dado.

DÍA 3 - Compasión y armonía en el amor
Armonía en el amor es aquélla que combina ambos aspectos del amor, el de dar y el de recibir, que hemos observado en los dos días anteriores.

Se trata de encontrar la justa medida de dar y la justa medida de recibir. El equilibrio suele ser aquello que más nos cuesta, ya que tendemos a polarizarnos en los extremos, y el equilibrio es una de las principales conquistas en la vida de un ser humano, en todos los aspectos de la vida y la personalidad.

El equilibrio se crea cuando permites que el otro te dé, ya que, al hacerlo, la otra persona puede expresar su generosidad, y a la vez, tú entregas lo que tienes para dar sin esperar recibir nada a cambio del otro.

A veces, cuando recibimos, inmediatamente buscamos cómo compensar y darle al otro, no, eso es egoísmo.

Simplemente ábrete a recibir y ábrete a dar, sin mayor intención.

Vivimos en un cuerpo que sólo desea recibir.

Habitado por un alma que desea dar.

Nuestro cuerpo está programado para recibir placer y la conciencia de nuestra alma en un profundo deseo de dar.

Este equilibrio o justa medida genera algo nuevo que no es una mezcla, es simplemente un nuevo ser.

El amor armonizado incluye empatía y compasión. Con frecuencia, se da amor con la expectativa de recibir amor a cambio, y cuando no se cumple, aparece la mayoría de los conflictos vinculares y cruces de acusaciones y reproches. Es el indicador de que no hay amor auténtico en ese vínculo, hay egoísmo.

El amor compasivo es dado desinteresadamente, sin esperar nada a cambio, incluso cuando el otro no merece amor.

El amor compasivo el que da, el que ama también a aquellos que le han herido.

El amor incondicional es, como observamos esta semana, por encima de todas las cosas aquello que vehicula la vida, entonces, ¿realmente se puede escoger a quién se ama y a quién no?

El sistema del caos en el que vivimos trata de adoctrinar y condicionar el amor, de separar, por clases sociales, por formas de vida, por color de piel, por lugar de origen. Salir de esta trampa es la mayor de las liberaciones del alma.

- *AUTOOBSERVACIÓN*

¿Podría ponerme en la piel del otro? ¿Del que ha cometido algo dañino? ¿A quién juzgo?

¿Cuáles son las cualidades de otros que tiendo a juzgar? Observa si también lo ves en ti.

Si tiendo a polarizarme en un extremo, en el dar o en el recibir, observa dónde lo haces con más facilidad.

¿Selecciono a quien amo y a quien no?

- *PRÁCTICA DEL DÍA: LA ACCIÓN*

Escoge a una persona a la que hayas escogido no amar, alejar de tu vida, y encuentra la forma de amar lo que es por encima de lo que hace. Ponerte en sus zapatos. Y enviarle mentalmente compasión.

Hoy trata de encontrar ese lugar de balance también en tus relaciones, observando ese dar y recibir, y fíjate en el tipo de persona en la que podrías convertirte si actúas siempre así.

DÍA 4 - Persistencia en el amor

Hasta los tiempos de nuestras abuelas, cuando algo se estropeaba se arreglaba, ahora se compra uno nuevo, quizás hasta *online,* aunque también entramos en tiempos de valor al reciclaje, ¿y en el amor?

No se trata de aguantar estoicamente el dolor y el sufrimiento, si no hay evolución, si no hay crecimiento posible, si no hay balance, es mejor cuidarse y cerrar este ciclo con el máximo aprendizaje.

Se trata de ver y reconocer que las personas no son el espejismo que mostraron al principio, ésa es una parte de nosotros, y también está la que no se ve, la sombra.

Reconocer nuestra sombra y amarla, como parte de la luz, nos ayuda a reconocer y amar la sombra del otro, como parte de su propia luz.

Según la tradición cabalística, cuando nos enamoramos de alguien, lo que vemos es el gran potencial de la relación, lo que nos podrá ofrecer el vínculo una vez que pasemos con perseverancia las etapas de las sombras.

Se trata de tener la capacidad de estar, de continuar, para permitir que se revele la luz que hay detrás.

Y el cuido es diario, es un cuido «homeopático», no de grandes dosis en los días señalados que marca el calendario comercial.

Es estar perseverando, aun cuando den ganas de salir corriendo.

Al principio es muy fácil dar, hay una energía poderosa que desea dar al otro, mimarle, cuidarle, y, de nuevo, ¿es un amor incondicional? ¿O es un amor egoísta, que desea recibir para sí mismo?

- AUTOOBSERVACIÓN

¿Es mi amor persistente?

¿Soporta cambios y reveses?

¿Doy o retengo el amor dependiendo de mis estados de ánimo, o éste es constante, sin importar los altibajos de la vida?

¿Tengo voluntad para aprovechar el regalo del vínculo con otra persona para conocerme más, evolucionar y avanzar?

¿Le ofrezco a la otra persona la posibilidad y apertura para crecer y evolucionar conmigo?

¿Se puede contar conmigo en todas las circunstancias? ¿Tanto en las fáciles como en las difíciles?

- PRÁCTICA DEL DÍA: LA ACCIÓN

En este día, pon a prueba tu persistencia en el amor, afianza en algún ser querido la constancia de tu amor.

Obsérvate dando como lo hacías al principio de la relación, deja que se muestre esa energía que existía cuando os conocisteis, esperando a que alguien venga a recuperarla y darle vida.

Válido para cualquier tipo de vínculos sexoafectivos, familiares, de amistad.

DÍA 5 - Humildad en el amor

Con frecuencia obstaculizamos el amor, imposibilitando el perdonar a un ser querido o ceder en nuestra postura frente a la del otro.

A veces, el rencor hacia otra persona desiguala el vínculo, aleja y separa, y nos hace creernos superiores, con la posesión de una verdad suprema. Eso es un ego separado.

El aspecto de hoy introduce la humildad en el amor, la habilidad para elevarte por encima de ti y perdonar o ceder ante quien amas, sólo en virtud del amor, aun si estás convencido de que tienes razón.

Yendo más profundo aún, el amor nos invita a ser nadie.

Es en esa humildad donde descubrimos quiénes somos en realidad, y no esos personajes que nos creamos para vincularnos.

Otro aspecto se refiere a la cualidad de dar.

Si dar te hace sentir alguien, si dar te hace sentir superior, importante, entonces, no estás dando de la forma correcta.

Si cuando das te vanaglorias de ello, observa si lo haces para ensalzar el ego.

Dar debería eliminar el ego y revelar humildad y misericordia que es la verdadera esencia del alma.

Expresemos la fuerza del amor, desde la más profunda fuerza de la humildad.

El amor arrogante no es auténtico amor.

• *AUTOOBSERVACIÓN*

¿El amor me hace sentir humilde?

¿Soy arrogante pese a tener la capacidad de amar?

¿Me doy cuenta de que la habilidad de amar proviene de un sitio más grande y elevado que yo?

Sabiendo que el amor proviene de la energía creadora universal, ¿me entrego al amor con total humildad, reconociendo el gran privilegio de poder amar?

¿Me doy cuenta de que a través del amor recibo más de lo que doy?

¿Aprecio por ello a aquél a quien amo?

Observa si usas el acto de dar como moneda de cambio.

Trágate tu orgullo y facilita una reconciliación con un ser querido con quien hayas discutido o con quien tengas un vínculo deteriorado por falta de humildad en el amor.

DÍA 6 - La vinculación y conexión en el amor

Para que el amor sea duradero requiere vinculación, una sensación de unión que cristaliza el amor con actos que cuiden y sean equilibrados entre ambas partes.

El amor duradero requiere de una conexión, afinidad y unión íntimas que beneficien a ambas partes. Esta vinculación rinde sus frutos, el fruto surgido de una sana unión.

Llenamos los vínculos de buenas intenciones, de planes, de deseos, de palabras dichas que después no se cumplen.

Todo esto es vacío, si al tener a la persona frente a mí no hago lo que digo, no importa la «excusa» que me detenga para hacerlo.

Cuando se queda todo en el campo de la imaginación, de las suposiciones, y después no es llevado a la práctica, esto debilita considerablemente la conexión entre ambas personas.

Muchos vínculos están sostenidos por la vacía energía del personaje, sin la entrega de alma necesaria para que realmente el encuentro creativo y el amor incondicional se dé.

Cuando se crea un vínculo, se da una interconexión energética, sobre todo, cuando el vínculo contiene intimidad sexoafectiva.

Esa conexión se debilita si está basada en proyecciones mentales, en lugar de la acción que sustenta el vínculo.

La consecuencia no es entrar en deuda con el vínculo, sino debilitarlo.

Aquí incluimos la energía sexual como la manifestadora de la acción creativa, buscando una energía en equilibrio, armonía y balance.

Cuando entramos en vínculo sexual, si lo hacemos desde el puro dar, si cada persona se centra en dar placer al otro, ahí se conecta sexo y corazón, sexualidad y amor, dos personas dando es un derrame de amor.

La sexualidad es un medio de vinculación con el otro, de manifestación desde la acción de la calidad del vínculo.

Si la sexualidad es egoísta, el vínculo se debilita, si es generosa y dadora, se fortalece.

* *AUTOOBSERVACIÓN*

¿Hago lo que digo en el vínculo?

¿Lleno los vínculos de promesas, proyecciones y expectativas?

¿Mis acciones manifiestan mis intenciones en el amor?

¿Hay coherencia entre el pensamiento, la emoción y la acción en aquello que creo?

¿Es mi sexualidad una manifestación del egoísmo o de la entrega en el amor?

* *PRÁCTICA DEL DÍA: LA ACCIÓN*

Que tus acciones de hoy vayan enfocadas a construir una nueva forma de vincularte, donde cada acción fortalezca más la conexión del vínculo. No es momento de quedarse en el pensamiento, sino de actuar. El acto es lo que transforma.

DÍA 7 - La soberanía en el amor

El amor maduro viene acompañado de la dignidad personal, un sentimiento íntimo de nobleza y majestuosidad.

Permite conocer tu lugar especial y tu contribución en este mundo.

Todo amor que desmoraliza y quiebra el espíritu humano no es amor en absoluto.

Para que sea completo, debe tener la dimensión de la soberanía personal, un sentimiento de libertad y dominio sobre las fuerzas que disminuyen el amor pleno.

Lo que observamos a nuestro alrededor cuando abrimos los ojos es nuestro reinado, nuestro territorio, lo que creamos con nuestra forma de existir, con nuestra forma de amar, de amarnos.

Si lo que vemos delante parece caos, desorden y no genera la dignidad antes mencionada, es porque hay aspectos en el mundo emocional que merecen ser revisados.

Lo que vemos afuera es la prueba de cómo está ordenado nuestro mundo interno. Cuando este campo emocional está inmaduro, nos vinculamos desde el deseo de recibir para sí mismo; cuando la vasija está vacía, nuestro interior está vacío. Los vínculos acaban siendo una forma de tomar energía, tomar la luz de los otros, entonces, es cuando el vínculo se desarrolla desde la carencia.

Si somos capaces de dar y vincularnos desde el amor, ordenar nuestra realidad física y asumir la sana responsabilidad de que el caos externo es causa del caos interno, entonces, estaremos siendo soberanos de nuestro reino interior.

Esta práctica es una forma de capacitarnos como almas.

Y en esta autoobservación nos hacemos cargo de nuestra vida, dejando de responsabilizar a otros como causa de nuestras consecuencias.

Se trata de hacerse cargo del 100 % de lo que sucede, también en los vínculos. Si en una pareja los dos dan el 100 %, ya nadie depende del otro para ser feliz, dan en plenitud.

- *AUTOOBSERVACIÓN*

¿Miro la vida con un filtro egoísta?

¿Vivo la vida desde la carencia, aprovechando la energía de otros o controlando?

¿Soy consciente de cómo impacto en mi entorno, la naturaleza y las personas con mi manera de existir?

¿Me hago responsable de lo que sucede a mi alrededor?

¿Ofrezco soberanía y dignidad en los vínculos?

- *PRÁCTICA DEL DÍA: LA ACCIÓN*

Da el 100 % de ti, no necesitas nada para ti, sólo entrega. No una entrega material (nada te pertenece, en realidad), sino una entrega de tu persona, de tu interior, de lo que haya en ti.

Cuando te observes dando lo mejor de ti, celébralo, gózate, hónrate, regocíjate de la alegría de ser tú en tu máxima plenitud, ahí está el secreto del salto de conciencia, desde el gozo y la celebración.

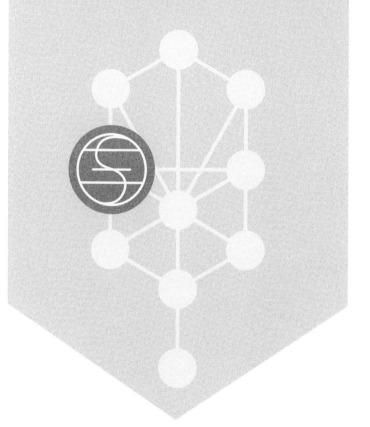

La disciplina
Restricción - Límites

Durante la segunda semana, abordamos al atributo emocional que observa cómo nos relacionamos con la disciplina, la restricción, los límites y el sentido de la justicia.

Después de integrar el amor incondicional como el lecho sobre el que se despliega la vida humana, ahora, la disciplina, el orden, los límites, es un canal por el que se expresa el amor.

Como un rayo láser, su potencia radica en el foco y la concentración de la luz en una dirección, en lugar de rayos de luz fragmentados y dispersos en distintas direcciones.

Presta atención al efecto que causan en tu cuerpo estas palabras conjugadas con la palabra «amor».

Y es que el límite es amor.

El límite es aquello que contiene y cuida. Por ejemplo, visualiza la membrana de una célula, la cual cumple la función de protegerla del mundo externo y que ésta pueda desarrollar la función para la cual fue creada.

La función de unos padres es que pongan límites, que den cuidado a la vida de su familia y al desarrollo adecuado de su prole.

La piel, del cuerpo humano, es un límite que cuida de las agresiones externas. De hecho, es el órgano más grande del cuerpo, y es el contacto la forma en la que el corazón expresa su amor.

En un vínculo de pareja, por ejemplo, los límites y acuerdos vehiculan y ordenan las formas de relacionarse, de amar, dan toda la libertad dentro de un marco que contiene y cuida del amor, a la vez que cuida de la dignidad y soberanía de cada miembro.

Observamos cómo vivimos en ausencia de estos atributos, es decir, con falta total de límites, o con un exceso de uso, es decir, con demasiado control, rigidez, exigencia, juicio y rigor.

Entonces, durante estos días, el camino de corrección viene dado por la búsqueda del equilibrio y observar dónde te estás polarizando.

Otro aspecto que abordamos en estos días es el **respeto** por un amor sano, se requiere respeto hacia el ser que amas y hacia ti.

Los cabalistas suelen decir: «Toda la creación es una severa limitación».

Todo lo visible a los ojos en esta dimensión material está basado en sofisticados sistemas de límites que ordenan el mundo para que la vida tal como la vemos pueda desarrollarse. Los límites que ordenan la sociedad, la familia, los vínculos, las organizaciones, la naturaleza, el cuerpo humano, etc. Y así hasta el átomo.

Lo que sucede es que por un lado se han malinterpretado la importancia y el uso de los límites saludables, y por otro, se ha tomado de forma desequilibrada el poder que otorga la condición de crear límites, y ahí es donde se desarrolla el caos vital, la interpretación de lo justo y lo injusto, y lo más importante, la ausencia de amor en los sistemas de contención de la vida.

Durante esta semana, podrás observar cómo está tu conciencia con respecto a los límites: si das en exceso, recibes en exceso o vives en equilibrio.

Te honro por llegar hasta aquí, segunda semana, presta atención a la calidad de los pensamientos, a las frases al respecto de este trabajo, a las posibles resistencias y contrafuerzas.

Es una semana en la que te sumergirás en la polaridad de la anterior, de modo que necesitarás presencia para atender el deseo del ego y la mente de abandonar.

DÍA 8 - El amor en la restricción

Así como la semana pasada observábamos la disciplina en el amor, hoy ponemos amor en la disciplina, amor y dar en la restricción.

Es restringir por amor.

Imagina que alguien tiene una conducta destructiva hacia sí mismo y por tanto hacia su entorno. Entonces, tú actúas poniendo un límite que cuida.

Podemos tener tolerancia hacia las personas, aunque no tenemos por qué tolerar sus conductas.

Las antiguas tradiciones dicen: «Unos padres que no ponen límites a sus hijos, es que no los aman». Los límites enseñan a la infancia el contexto en el que se desarrolla y les ayudan a desplegar su potencial de vida.

Algo muy distinto y ejemplo de polarización es lo que se ha hecho en nuestra historia, la domesticación, el condicionamiento y la manipulación educativa, generando unas terribles secuelas en la psique y el comportamiento humano, aquí estamos corrigiendo sus efectos.

Ahí han sido límites con poco amor y, aun así, si preguntamos a nuestros cuidadores, comprendemos que hubo todo el amor que se pudo ofrecer en ese momento y que, además, son humanos fruto de domesticaciones y condicionamientos pasados.

Ahora estamos ante una poderosa oportunidad de revertir ese efecto en nuestra vida, en nuestra alma.

Si logramos que los límites sean por amor y no por egoísmo, entonces, estaremos corrigiendo este aspecto de nuestra psique y ego.

Poner orden, reglas, acuerdos, da contención y orden y, por lo tanto, cuida y es amor.

Es el reconocimiento de que tu disciplina personal y la disciplina que esperas de los demás es sólo una expresión de amor.

No tenemos derecho a juzgar a nadie, sólo, en todo caso, a desear que sean y den lo mejor de sí mismos.

Vivimos en una cultura que tiende a la crítica, observa dónde te colocas tú en este contexto. Incluso dentro de tu familia, ¿hay una tendencia a la «crítica por amor»?

- AUTOOBSERVACIÓN

Cuando juzgo y critico a alguien, ¿está ello de alguna manera teñido por mi propio desprecio e irritación?

¿Siento alguna satisfacción oculta en el fracaso del otro?

¿Cómo me relaciono con los límites y la disciplina en los vínculos? ¿Exceso o defecto?

- PRÁCTICA DEL DÍA: LA ACCIÓN

Antes de criticar hoy a alguien, piénsalo dos veces: ¿lo hago por preocupación y amor?, ¿lo hago por egoísmo o envidia?

Observa, en tus vínculos, dónde te cuesta poner límites y por qué, y experimenta el poner un límite que te está cuidando a ti y al vínculo.

DÍA 9 - El juicio extremo y la disciplina

Hay una tendencia humana a juzgar lo que tiene en frente como bueno o malo, a creer que lo que ven sus ojos es el filtro de la verdad, de la razón, y no nos damos cuenta de la cantidad de condicionamientos, creencias y manipulaciones que nublan el filtro.

Este filtro de percepción es como un velo que oculta la luz, la verdad del ser, lo que es, más allá de la nublada mirada del pequeño yo que habita en la mente.

En realidad, todo lo que se manifiesta es luz expresada, sólo que cuando esta luz se manifiesta de formas distintas a lo que la conciencia que habita el cuerpo que mira puede comprender, se etiqueta como «malo».

Entonces, vamos separándonos de aquellas personas que piensan diferente o actúan diferente a nuestro sistema de creencias, creyendo que son distintos, o lo que es peor, que nosotros tenemos un nivel de conciencia superior.

Imagínate por un momento, que el otro también esté en lo cierto, aunque piense distinto a ti.

En cuanto a la disciplina, hoy es un buen día para observar cómo es esta cualidad en ti.

Observa qué te sucede con ella, dialoga con la palabra, ¿la ensalzas o la evitas en tu vocabulario? ¿Está presente la disciplina en tu vida?

- *AUTOOBSERVACIÓN*

¿Mi disciplina brilla por su ausencia o es excesiva?

¿Tengo suficiente disciplina?

¿Soy una persona organizada?

¿Utilizo el tiempo de forma eficiente?

¿Quiero tener siempre la razón?

- *PRÁCTICA DEL DÍA: LA ACCIÓN*

Hoy simplemente observa la luz que hay en todo, incluso en aquello que pueda parecer ante tus ojos como injusto. Hoy no discutas con nadie por nada, no quieras tener la razón. Observa qué sucede cuando no participas de este tipo de dinámicas.

DÍA 10 - La compasión en la disciplina

Si hace dos días, hablábamos del amor en la disciplina, observando el límite como un contendor de amor, como una forma de cuidado, como una forma incluso de expresión del amor, hoy ampliamos y vamos a la forma más exacerbada del amor, que es la compasión.

Y no hablamos de la compasión que se define como el sentir lástima por otro, es una interpretación incorrecta. Compasión es amor incondicional teniendo en cuenta al otro.

Se trata de amar sin ninguna razón específica, amar al otro sólo porque es. Amar al ser, más allá del personaje, la máscara, las corazas y lo que muestra la otra persona. Amar todo, lo que se ve y lo que oculta.

La práctica de la disciplina invita a frenar los impulsos reactivos con respecto al otro.

A veces no nos disciplinamos e invadimos al otro con la palabra, el acto, el descuido, porque no incluimos la mirada compasiva.

Según el budismo tibetano, sin compasión no hay despertar espiritual.

Y esta compasión también es hacia uno mismo. Si nos detectamos repitiendo un patrón, practicamos la disciplina amorosa, es decir, con amor y respeto hacia nosotros mismos. Sin compasión hacia ti mismo, la compasión no es completa.

- *AUTOOBSERVACIÓN*

Cuándo alguien me habla, ¿escucho activamente u oigo de un modo superficial para contestar rápido?

Cuándo alguien me pone un límite, ¿lo acepto y comprendo, o reacciono?

Cuándo siento una emoción intensa, ¿la proceso conmigo o la proyecto en el otro?

Observa los espacios que se crean entre tú y la otra persona, siente el límite que respeta y observa si tienes en cuenta al otro.

- *PRÁCTICA DEL DÍA: LA ACCIÓN*

Practica la compasión con alguien a quien le hayas reprochado algo.

Practica la escucha activa, recibe del otro sin reaccionar, sólo escucha, incluso si es un consejo de alguien que crees que no «debe» aconsejarte. Y siente qué sucede en tu cuerpo, nada más, sólo practica y observa.

DÍA 11 - La perseverancia en la disciplina

Este aspecto psicológico y de actitud vital tiene que ver con nuestra capacidad de sostener, nuestra resistencia en el tiempo, sin caídas ni distracciones.

Muchas veces decimos que vamos a hacer restricción en un cierto aspecto de nuestra vida donde somos reactivos y donde nos sentimos muy bien la primera vez que lo hacemos, y luego terminamos fallando o cediendo al deseo del cuerpo.

Hacer verdadera restricción es casi imposible a menos que se tenga absolutamente identificada cuál es la parte oculta, negativa, que activa esa actitud reactiva.

Tenerla identificada ya es la mayoría del trabajo, porque puedes actuar desde la causa y evitar el efecto.

La desprogramación se inicia con 7 días de restricción y ya está corregido en el cuerpo físico, con 21 en el hábito psicológico y con 40 en el cuerpo energético y campos sutiles.

¿Cómo se identifica la negatividad oculta que lo acciona? Tres cosas nos llevan a ser reactivos:

Gratificación inmediata, miedo y deseo de luz.

1. Busco un placer inmediato, entonces, debo sacar cuentas de cuánto me cuesta pagar por ese placer inmediato, cuáles son las cosas en mi vida que pierdo por esa reacción.

Por ejemplo, cuando se ha decidido la restricción de dejar una adicción como el trabajo, o la comida insalubre, y se vuelve por el placer que da el consumo sin valorar el daño que se hace al cuerpo físico y emocional.

O escoger vivir el momento de subidón de placer sexual con una persona ajena al vínculo con el que se tiene un acuerdo muy diferente a esto.

2. Reaccionar es una forma de defenderse de alguna inseguridad, siento que si no consigo luz de esta forma, no soy capaz de hacerlo de otra, debo encontrar en mi reactividad a qué le temo y qué mecanismo falso de autoconservación creo que estoy consiguiendo.

Observa si vives en alerta, con la defensa activa ante cualquier ataque, real o irreal.

3. Quiero tener algo ahora porque me siento carente, vacío. La carencia tan sólo atrae más carencia porque la carencia junto al cortocircuito de reacción atrae lo que se quiere, aunque con un resultado de alto coste personal y por un tiempo muy corto.

Tan sólo el acto de dar, de vivir en la entrega, de ser como la luz, atrae más luz, lo demás, es una cáscara vacía, por dentro no hay nada aunque por fuera parezca que sí.

- *AUTOOBSERVACIÓN*

La disciplina efectiva es cuando perdura en el tiempo, no se rinde ante las contrafuerzas, resistencias, tentaciones, distracciones.

¿Mi disciplina es consistente o sólo existe cuando es forzada por la situación o demanda externa?

¿Doy mis pasos con disciplina y enfoque?

¿Mi disciplina es débil, intermitente?

- *PRÁCTICA DEL DÍA: LA ACCIÓN*

Busca los tres aspectos anteriores en una reacción que quieres dominar y eliminar por completo de tu vida: placer, reacción y carencia.

Medita en ello hasta que esa reacción te resulte un aspecto realmente desagradable de tu ser. Como te decía anteriormente, cuando sientas que algo te dé puro asco, no lo volverás a repetir, será una sencilla tarea dejar de hacerlo.

Cuando hayas identificado en tu reactividad cuál es la parte oculta que la sostiene, aquello que te hace reaccionar, tu restricción y disciplina será duradera.

DÍA 12 - La humildad en la disciplina

Este día nos trae la oportunidad de corregir los juicios que hacemos desde la creencia de ser superiores y la arrogancia.

Ya hemos visto las consecuencias humanas del poder y la disciplina sin humildad.

El ser humano vive, lamentablemente, con prejuicios que lo ayudan a no tener que evaluar cada cosa o circunstancia como si fuera la primera vez. De esta forma, mientras ahorramos esfuerzos en escuchar y abrir nuestra mente, también perdemos muchas oportunidades.

Por otro lado, la pasión por la evolución de la conciencia y el autoconocimiento puede alimentar el llamado ego espiritual, el creerse un ser iluminado en el mundo terrenal, juzgando a los demás como ignorantes, o lo que es peor, deseando intervenir en los ritmos del despertar ajeno creyendo que se está ayudando.

Todo lo que está creado ante nuestros ojos es justo. No corresponde a la mente humana juzgar lo justo e injusto, ya que, además, está contaminado por el filtro personal de la percepción de la realidad.

- *AUTOOBSERVACIÓN*

¿Soy arrogante en nombre de lo que yo considero que es justo?

¿Pienso alguna vez que estoy en un pedestal más elevado y desde ahí sentencio lo que es verdad y lo que no? ¿Lo que debe hacer y ser la otra persona y lo que no?

¿Tengo en cuenta esto con mi familia, personas con las que colaboro o lidero?

- *PRÁCTICA DEL DÍA: LA ACCIÓN*

Deja atrás los prejuicios y analiza cada circunstancia, cuando creas que sabes lo de debes hacer, pregúntate a ti mismo: ¿desde qué lugar he tomado esta determinación? ¿Desde la humildad o desde la arrogancia? ¿Desde querer aprender de cada situación o desde «yo ya lo sabía»?

Luego actúa y muéstrale al cosmos que ya no estás dispuesto a seguir perdiendo oportunidades.

DÍA 13 - La vinculación con la disciplina

En este día, observa cómo te relacionas con el otro ser, por ejemplo, cuando deseas crear, manifestar un proyecto, cocrear, tanto en los vínculos profesionales como en los personales.

Cuando no tienes en cuenta al otro, estás creando desde el egoismo.

Aquí se pone a prueba si eres capaz de hacer lo que dices.

El pensamiento creativo es muy poderoso en cuanto a fuerza y bajada de luz para ayudar a manifestar, pero la palabra lo es más, lo que se dice se hace, lo que se dice que se hace y no se hace, genera deuda, genera karma.

A veces, perdemos mucha fuerza por la boca, derramamos mucha energía creativa que finalmente no se lleva a cabo, y eso es creatividad perdida. Es una masturbación creativa, sin ningún tipo de fruto.

Es mejor sólo nombrar un proyecto en la fase final, cuando ya se ha manifestado. Esperar a que el bebé ya haya nacido antes de ponerle el nombre.

A veces decimos, cuando tenga dinero haré tal cosa, haré una donación, crearé tal proyecto, y luego llega el dinero, porque el universo es así, y no usamos el dinero para esa cosa que dijimos.

Hay que dejar también de decir, cuando esto pase, yo seré así o asá. Aquí y ahora. Es el ego el que proyecta y evita que lo que deba ser se cree desde el presente, postergando hasta la siguiente crisis aquello que el alma pide.

Hablar menos y prestar mucha atención a lo que se nombra por la boca, promesas al aire, proyecciones y sueños en voz alta.

Como dicen los cabalistas, el ángel de la muerte está listo para atrapar tus sueños al vuelo y destruirlos, en forma de envidias, celos y desconfianzas.

- *AUTOOBSERVACIÓN*

Fíjate en proyectos que hayas decidido crear con otras personas, tanto en el presente como en el pasado, y ¿qué ha sucedido?

Observar si se lleva a cabo o no, si no se ha manifestado, ¿qué ha fallado? ¿Quizás el egoismo, el ego, el deseo de recibir para mí?

Cuando colaboro con otras personas y me compromento, ¿cumplo con mi palabra? Cuando digo que voy a hacer algo, ¿lo hago?

¿Tengo en cuenta las necesidades del otro en un proyecto, o impongo mi criterio?

Estos actos son fugas de energía en el proceso de la creación.

- *PRÁCTICA DEL DÍA: LA ACCIÓN*

Haz una lista y revisa los actos creativos que no se han manifestado y mira qué ha fallado, desde tu parte, desde tu persona, desde tus actos, desde tu profundo deseo.

Si sientes que hay un desequilibrio por tu parte, encuentra la manera de corregirlo, es un regalo que te haces a ti, restaurando la ley de la causa-efecto, impidiendo que el efecto llegue en el futuro, como un bumerán, devolviéndote el aprendizaje que no pudiste integrar.

Día 14 - La dignidad en la disciplina

Todo lo que se manifiesta en nuestra vida viene de un deseo muy profundo. Emociones no reconocidas, formas pensamiento, creencias que proyectan al exterior y crean situaciones.

Es una oportunidad de reconocer el origen, el orden de la causa y del efecto.

Somos causa de lo que sucede. Y eso nos capacita para otras posibilidades en nuestra vida, para hacernos cargo y responsabilizamos de ello. Todo lo que tienes delante de ti es una consecuencia de tus actos, pensamientos y deseos.

Enfocando en la disciplina de los actos y el amor que los vehicula, nuestros vínculos y nuestra disciplina deben llevar implíticos la dignidad personal.

Si nuestro orden, nuestra disciplina, nuestra forma de actuar o de relacionarnos con otros provoca situaciones indignas en otros, entonces estaremos llenando de caos también nuestro entorno.

Imagina la responsabilidad de una persona que lidera equipos, que tiene alumnos a los que «enseña», padres y madres criando. Cómo afecta la forma en que lo hace a la autoestima de otra persona.

La forma de liderar, colaborar, compartir con otros seres, debe fomentar la autoestima y hacer relucir lo mejor de la otra persona, cultivando así su soberanía, su empoderamiento y el desarrollo de su alma.

• *AUTOOBSERVACIÓN*

¿Mi forma de liderar dignifica al otro?

¿Fomento que emerja lo mejor de cada persona cuando me relaciono? Ya sea pareja, hijos, amistades, colaboradores…

Lo que veo a mi alrededor, el mundo que creo, ¿es coherente con la dignidad?

¿Culpo a los demás (familia, sistema, etc.) de lo que sucede? ¿O me hago cargo de mi parte?

- *PRÁCTICA DEL DÍA: LA ACCIÓN*

Hoy revisa estos aspectos con total honestidad. Y presta atención a cómo te relacionas con los demás. Entrega dignidad y empoderamiento allí donde estés.

La compasión
Armonía – Honestidad - Belleza

Te doy la bienvenida a las tercera semana de inmersión en las profundidades de tu viaje del alma, de la sanación y transmutación de memorias.

Esta semana descansamos en el equilibrio. Gracias por llegar hasta aquí y por continuar.

En esta nueva dimensión, integramos el amor incondicional y la disciplina, en profundo equilibro, y de esa combinación armónica surge algo realmente nuevo. La compasión combina y armoniza el libre flujo del amor con la disciplina como límite contenedor. Esta tercera dimensión se abre a la verdad sincera, a la honestidad.

A esta verdad se accede a través de la personal, elevándote por encima de tu ego, de las necesidades egoicas, de las expectativas, permitiéndote tomar conciencia de una verdad más elevada.

La verdad te brinda una visión más clara y objetiva de tus necesidades y de las de los demás. El desequilibrio entre amor y disciplina, o su distorsión, es el resultado de una perspectiva subjetiva y, por lo tanto, limitada.

El introducir verdad, al dejar en suspenso los prejuicios personales, te permite expresar tus sentimientos de la manera más sana.

Esta cualidad da a esta dimensión un espacio de belleza fruto del resultado de combinar el amor, la disciplina, creando compasión sincera. Una armonía que crea belleza existencial.

Esa belleza existencial es la consecuencia de una paz interior que emana representando a tu yo interior, al gozo de interiorizar y de alcanzar tu verdad, tu propia verdad.

Los cabalistas dicen que quien se encuentra en paz, se encuentra completo.

Y esta completitud se alcanza cuando uno disfruta de la belleza de su mundo interno, de explorarse a través del infinito viaje de autoconocimiento y transformación a través de los laberintos arquetípicos que representan el viaje humano.

Se trata de una belleza y felicidad que no dependen de acontecimientos externos, sino que emanan de la pura esencia del corazón, suceda lo que suceda afuera.

Aceptarte en total integridad, sin buscar la perfección imposible, reconociendo las partes más oscuras que forman parte de la sombra humana, llevando luz a los rincones del yo a través del autoconocimiento.

Este equilibro entre el amor y la disciplina se manifiesta también entre la sana armonía del dar y recibir. Aquí se encuentra la clave de la vida, el camino del medio, el del corazón, el del equilibrio, uno de los grandes desafíos para nuestra existencia en este momento, en que todo invita a la polarización, a posicionarse en un extremo.

DÍA 15 - El amor en la entrega

El amor en la entrega es dar con la máxima belleza.

Cuando estés en la energía del dar, de la entrega, hazlo de la manera más espléndida posible, sin sufrir, sin carencia y sin miedo a perder. La naturaleza del ser humano es la entrega, el compartir, colaborar, dar, aunque se haya visto manipulada la forma de dar. Mira a tu alrededor y conecta con esa imagen de continuos humanos dando. Fíjate, ¿cuánto dar se necesita?, ¿cuántos días de trabajo a la semana para tener uno solo de descanso?, ¿cuántas horas cocinando para comer en un instante?, ¿todo el mes trabajando para cobrar la nómina al final?, ¿cuántos meses de trabajo para disfrutar sólo un mes de vacaciones al año?

Es mucho tiempo haciendo, dando, sin recibir nada a cambio en el momento. Es simplemente dar. No se espera recibir en la misma proporción. Disfrutemos entonces de nuestra entrega, del dar, cuidar, nutrir, amar, y nuestra vida se llenará de puro gozo.

No es viable vivir en la amargura, esperando el momento de recibir para gozar.

La existencia es cada día, ocúpate de gozar cada instante, cada acto creativo que lleve implícito también tu propio gozo, así, mientras das, también estás recibiendo en equilibrio, lo que se recibe al dar no siempre es material, el tesoro para el alma es espiritual.

• *AUTOOBSERVACIÓN*

¿Mi forma de entregar es tierna, afectuosa y compasiva? ¿O se expresa como lástima?

¿Mi simpatía es condescendiente o altiva? Incluso si esa no es mi intención, ¿la perciben los demás como tal?

¿Desborda mi compasión amor y calidez, es expresada con entusiasmo, o es estática y sin vida?

• *PRÁCTICA DEL DÍA: LA ACCIÓN*

Cuando ayudes a alguien, bríndate de la forma más plena. Ofrece una sonrisa o un gesto cálido. Cuando des, cuando entregues hoy, cuando estés en el dar, hazlo de la forma más espléndida posible.

DÍA 16 - La disciplina en la belleza

Iremos entrando al final de este viaje en la energía del deseo, de la distinción entre un deseo del ego y un deseo del corazón.

Hoy, como un aspecto de la belleza, observamos la restricción que hay en el deseo de poseerla.

Mira a tu alrededor, cómo se maneja nuestra sociedad con la belleza, cómo se utiliza la belleza para la manipulación.

Y concretando en ti, ¿cómo es tu relación con la belleza?

Lo bello, generalmente, despierta un deseo, incluso un deseo de posesión, de atraerlo hacia sí, de tomarlo.

Cuando algo es bello, puede ser que esa belleza sea la vasija de la luz, de mucha luz. Y es esa luz la que atrae, más que la forma externa.

Si en el acto de observar la belleza que está ante ti puedes discernir entre la atracción de la luz y de la forma, ver qué es lo que realmente deseas, puedes observar esa belleza, sentir el deseo y, a la vez, saber que no tienes que poseerla.

Hay un proceso práctico en el que se va tomando cada vez más conciencia de que lo que nos puede atraer no es tanto la forma física manifestada en la belleza de la materia, sino la luz que contiene.

Si practicas la restricción, ver sin poseer, desear sin poseer, ver la luz en el otro ser, sea lo que sea, humano, material, animal, vegetal, mineral, cada vez tu conexión será más con la luz que con la forma.

Y sabrás si esa luz también está en ti, o si esa luz es para ti o no.

- *AUTOOBSERVACIÓN*

¿Me fijo sólo en la belleza externa?

¿Deseo demasiadas cosas?

¿Cuánto peso le doy a la belleza externa?

¿Es la brújula que guía mi toma de decisiones?

¿Quiero poseer lo bello?

¿Conecto con la luz que hay en mí y en mi propia belleza?

- *PRÁCTICA DEL DÍA: LA ACCIÓN*

Hoy presta atención a esto: a las personas, cosas, experiencias que te atraen físicamente o te parecen bellas.

Observa la emoción que te genera, siente si es un deseo de poseer, de atraer hacia ti. Entonces, frena esos pensamientos y reconoce la luz que te atrae de ellas.

En esta restricción, en este límite, estás creando una nueva forma de conectar con la luz.

DÍA 17 - El equilibrio en la belleza

Entramos en un espacio sutil, en una belleza que carece de fisicalidad, es una calidad de la belleza que se difumina ante nosotros, se aparta, como un velo, para dejar ver la auténtica belleza, que es la luz misma.

La luz que habita en cada ser, la luz que hay detrás de todo lo que existe, que nos permite desvelar una verdad creativa y es que todo lo que existe, viene de la luz, de la energía, de la gran mente cósmica.

Entonces, ¿por qué gastamos tanta energía, tanto tiempo en lo tangible, lo material, lo que se percibe con los cinco sentidos?

Decimos que la belleza es subjetiva porque depende de los ojos que la miran, y los ojos que miran ¿vienen de un mundo interno en equilibrio?

Cuando el mundo interno está desequilibrado, vemos la belleza en los otros basándome en lo que carezco. Por eso, muchas personas buscan parejas que las complementen, que aporten lo que ellas no tienen. Ahí está el ingrediente principal de las relaciones dependientes.

Cuando hay equilibrio en nuestro interior, podemos ver más allá de la belleza física, o de lo que tiene el otro como complemento, se puede ver más allá de la máscara y el personaje que todo ser tiene para interpretar el papel de humano en la tierra.

Cuando miran los ojos del alma, pueden ver la luz en todo.

Cuando te hablo de belleza, me refiero a las cualidades que consideras atractivas en la otra persona, a lo que valoras y admiras del otro, aquello que te gusta y te agrada cuando le tienes cerca.

- *AUTOOBSERVACIÓN*

¿En qué me fijo cuando me atrae una persona?

¿Busco lo que a mí me falta? ¿A qué le doy más valor?

¿Siento mi interior en desequilibrio? ¿en qué cualidades?

- *PRÁCTICA DEL DÍA: LA ACCIÓN*

Hoy, analiza la relación que tienes con las personas más cercanas, las que has elegido para tu vida, fuera de la familia de sangre.

¿Cómo llegaron a tu vida? ¿Qué tipo de belleza viste en su ser? ¿Qué imagen construiste?

¿Hay equilibrio entre el dar y recibir en vuestro vínculo?

Hoy empieza a ver la luz en cada persona, lo que hay detrás de su belleza, de su máscara, de lo que positivizas respecto a su persona.

Si sientes que hay un desequilibrio entre el dar y el recibir, encuentra la manera de crear armonía.

DÍA 18 - La perseverancia en la compasión y la belleza

Vinculando compasión y belleza.

Observa si tu compasión hacia los demás está condicionada por el filtro de lo que ven tus ojos, de lo que interpretas con la información del mundo externo, de lo que percibes.

A veces, puede suceder con las personas que externamente muestran la imagen de necesitar ayuda, y no nos detenemos a observar la luz que hay detrás de esas apariencias. Por ejemplo, ante una persona que está pidiendo limosna en la calle, que básicamente, resulta invisible.

También hoy es día de revisión en cómo sigues dejándote llevar por las apariencias en los vínculos.

Cómo se fabrica una máscara externa en la que yo muestro una armadura y a la vez compro la armadura del otro. Relacionándome entonces desde necesidades materiales, expectativas, apegos y densidades.

Porque el mundo de la forma es denso y finito, el mundo de la luz es ligero e infinito.

Entonces, en cuanto a las relaciones vinculares, se trata de perseverar en la bellcza del vínculo desde el equilibrio entre luz y forma, entre amor y disciplina, es el reto y desafío.

• AUTOOBSERVACIÓN

Cuando me vinculo con alguien, ¿doy más importancia a lo que interpretan mis cinco sentidos?

¿Mis vínculos están centrados en la forma o en la luz?

Cuando soy compasiva con alguien, ¿lo hago desde el juicio de lo que ven mis ojos, determinando si necesita más o menos ayuda?

¿Puedo perseverar en una actitud compasiva? ¿O sólo lo hago cuando me va bien?

¿Utilizo el filtro de lo bello o feo para ser compasivo?

¿Soy compasivo cuando estoy atareado y con atención en muchas cosas, o sólo cuando me es cómodo?

¿Cuido y persevero en los vínculos, más allá de la forma?

• *PRÁCTICA DEL DÍA: LA ACCIÓN*
Haz una lista de las cosas materiales y personas a las que cuidar compasivamente, ya que no lo habías hecho hasta ahora.

Entiende el acto compasivo como el amor incondicional.

DÍA 19 - La humildad en la compasión y la belleza

La humildad corresponde al acto de no actuar desde la importancia personal, o el hecho de hacer un determinado acto, esperando el reconocimiento externo.

La compasión no ha de ser condescendiente y pretenciosa, debe incluir humildad.

Reconocer que mi habilidad para ser una persona compasiva y dar no me hace mejor que quien recibe.

Visualiza la posibilidad de que cuando se muestre en tu vida, en tu presente, alguien que necesita de tu ayuda, de tu compasión, de tu amor incondicional, es el universo, la energía de la mente creadora, lo que te concedió el regalo y la posibilidad de ponerlo en práctica y activar la compasión en ti.

De este modo, no hay lugar para la altanería ni la vanagloria en la compasión.

Hay una práctica cabalística que me encanta y recomiendo, además de la propuesta para hoy, que se basa en que cuando visualices a una persona que está pidiendo en la calle, en lugar de pasar de largo, mirar con desdén o dar ayuda desde arriba o de forma automática, hagas lo siguiente: entrega tu ayuda, ya sea dinero, comida o aquello que te nazca, desde una posición física que te haga colocarte por debajo de la persona, de rodillas, agachado, de manera que, cuando reciba, ella esté más elevada que tú. Es una poderosa posición metafísica. Además, agrega la gratitud, da las gracias a ese ser que te ha permitido desplegar tu compasión y tu bondad.

En cuanto a la belleza, lo mismo, si hemos creado algo bello, un vínculo, un proyecto, una obra de arte, endiosarnos por ello, endiosar a alguien por su creación, es pura idolatría, por tanto, ego, y anula por completo el acto de bondad realizado.

La belleza suele crearse desde un equilibrio entre lo interno y lo externo, la mayoría de las personas creadoras de arte encuentran la belleza en la simetría, en el equilibrio.

Hay personas que no son lindas desde los cánones de belleza socialmente establecidos y, sin embargo, son sumamente atractivas.

Entonces, hoy se trata de revisar dónde estás alardeando de la belleza en tu vida. Cuando se alardea de algo, la oscuridad escucha, es decir, es captada por las envidias, rencores, inferioridades, y se pone en peligro esa belleza que se ha creado, en realidad, toda la creación.

Cuando se alardea de algo, en méritos espirituales, se pierde todo lo que se ha conseguido en la creación, vínculos, bienes materiales, proyectos, logros, familia, cuerpo, méritos espirituales, actos compasivos.

No importa que hayas traspasado todos los desafíos mentales y emocionales, al alardear de ello, se vuelve a la casilla de salida.

La pérdida es tal que, literalmente, se puede perder lo que se ha creado en un instante.

Entonces, se trata de plantearte si prefieres seguir alimentando el ego o cuidar de la belleza que se ha creado para el bien de este mundo.

- AUTOOBSERVACIÓN

¿Me siento superior por ser una persona compasiva?

¿Miro como inferiores a quienes precisan de mi compasión?

¿Soy humilde y agradezco a la vida el que me haya brindado la habilidad de sentir compasión por otros?

Cuándo creo algo bello en los términos arriba mencionados, ¿luego alardeo de ello?

Entonces, ¿para qué lo he creado realmente?

• *PRÁCTICA DEL DÍA: LA ACCIÓN*
Expresa compasión de una manera anónima, sin recibir reconocimiento personal.

Revisa dónde estás alardeando sobre tus logros, y decide si quieres seguir alimentando al ego o proteger aquello que has creado y logrado desde el corazón.

DÍA 20 - La vinculación en la belleza

La belleza es la creatividad, es el equilibrio entre dar y recibir, lo armónico es bello, lo simétrico es bello.

Para que algo se manifieste en la realidad, en el plano material, necesitamos de la vinculación. Se requiere una unión.

Y esa unión depende de cómo nos vinculamos con los demás.

A veces, cuando después de todo un proceso creativo algo no acaba manifestándose, ya no es tanto por ese algo, sino por la calidad de los vínculos con quienes estabas desarrollando el acto creativo.

Cuando nos embarcamos en el camino espiritual, tendemos a enfocar el trabajo en aquellos aspectos que son más fáciles de controlar en el plano personal sin vincularme con el otro, de modo que tengo más posibilidades de salir triunfante, sintiendo que se avanza. Por ejemplo, se puede controlar el ampliar el estudio, la meditación, hábitos destructivos y vicios varios, y eso nos hace sentir más espirituales.

Sin embargo, cuando se trata de cuidar y equilibrar el trato con otras personas, es mucho más difícil, ya que los vínculos son más complejos de manejar, no son elementos pasivos como la comida, el vicio de turno, etc.

La comida, la escondes o la dejas de comprar y ya está.

En cambio, las personas tienen un universo vital propio, con su propio sistema en potencialidad creativa y con sus propias cajas de creencias, sube y baja emocionales, filtros de percepción.

Y la persona no se esconde, te sigue llamando, la tienes que ver, tiene vida propia, te contesta, discute, reacciona. Y aparece una y otra vez, aunque te escondas.

Entonces, puede aparecer la tendencia a sacar a esta persona de la vida, mas ¿realmente es la persona? ¿O la forma en la que te vinculas con ella? ¿Qué parte de ti está cocreando la situación?

Se trata de mantener un equilibrio honesto en la distribución de nuestros esfuerzos espirituales entre «lo fácil» y los que nos rodean.

• *AUTOOBSERVACIÓN*
¿Me es más fácil manejar mis tendencias dañinas conmigo mismo que con el vínculo con los demás?

Cuándo tengo un conflicto ¿me escondo, desaparezco, desconecto y no me hago cargo, con la ilusión que dejando que pase el tiempo, desaparecerá?

¿Me centro en mi propio desarrollo espiritual, evitando los vínculos, para que sea más fácil?

¿Evito los vínculos como fuente de desequilibrio emocional?

• *PRÁCTICA DEL DÍA: LA ACCIÓN*
Hoy presta atención a si tu práctica espiritual juega un papel de evasión en los vínculos, de encerrarte en ti y evitar lo que supone cocrear, compartir, entrar al lío de los vínculos.

Recuerda que hemos venido a vivir vinculados, no a ser ermitaños.

DÍA 21 - La honestidad en la belleza

Es momento de analizar, observar, revisitar con honestidad nuestro auténtico vínculo con la belleza.

Volvamos al encuentro con el equilibrio, e incluyamos la representación viva de una energía femenina y una energía masculina interna, en armonía, en equilibro, y lo sabemos no sólo por cómo lo manifestamos afuera, sino realmente lo sabemos de forma honesta que están en equilibrio interno.

Lo que es adentro es afuera. Cuando manifestamos internamente, el eje se alinea y el afuera se muestra acorde a ese equilibrio interno.

El trabajo externo puede teatralizarse, incluso sin darnos cuenta, o sí.

Sin embargo, es al final del día cuando te acuestas en la cama, contigo, en tu intimidad y recoges lo vivido, dialogas que con tu conciencia y ahí hay una realidad de la que no se puede escapar.

Todo el trabajo realizado esta semana en los seis aspectos anteriores diarios de la belleza y la compasión tenía el propósito de poder apreciar las cualidades de la belleza, sólo para que puedas sentirte con más belleza interna, como la verdadera belleza, recordando que, desde ahí, desde ese mundo interno bello y armónico, es desde donde puede manifestarse externamente. Dándote el matiz clave para que puedas diferenciar entre la belleza impostada y la auténtica belleza.

Cuando decimos «por dentro», hablamos del alma, de la conciencia, de la construcción de una belleza interna.

• AUTOOBSERVACIÓN

¿Soy consciente de que la belleza que observo en otras personas está relacionada con su belleza interior?

¿Puedo percibir que lo que es afuera es adentro?

¿Identifico qué cualidades componen mi belleza interior?

• PRÁCTICA DEL DÍA: LA ACCIÓN

Hoy recoge la semana, entra en un análisis profundo en cuanto a tu percepción de la belleza interna, si puedes llegar a percibir esta belleza más espiritual.

Hoy, comprométete con un cambio profundo de modo que puedas entrar en tu intimidad, irte a dormir en la noche sintiendo ese equilibrio en tu belleza espiritual, sintiendo cada vez más la soberanía en tu mundo interior, conquistando tu propio reino, el de tu corazón.

La persistencia
Fortaleza – Ambición - Disciplina

Durante la cuarta semana, abordamos estos atributos del mundo mental, emocional: **la persistencia, la fortaleza y la ambición.**

Ahora que ya entramos en la cuarta semana, decirte que ésta y la siguiente van alineadas en cuanto al equilibrio de la investigación interna y la corrección de las cualidades de la psique.

Así que sugiero que lo tengas presente a la hora de perseverar en el proceso. Durante el desarrollo del trabajo, quizás puedas observar cómo se dan las sincronías, las situaciones vitales idóneas para poner en práctica la propuesta de transformación que tienes entre manos.

Las cualidades de estos siguientes 14 días son los pilares que sostienen el camino que ya hemos recorrido, sostienen el equilibrio entre el amor incondicional, el rigor y la belleza interna, y, sobre todo, sostienen el delicado proceso de un proyecto creativo, sea el que sea, profesional, pareja, familia, cualquier acto creativo que genere vida.

Aquí, en esta fase, todavía están en la parte oculta, en la gestación, en el útero, en la pelvis, antes de salir a la luz, así que es el momento de afianzarlo, determinar cómo han de emanar de manera que resulten justas y benéficas antes que lleguen a otras fases donde el ego y el caballo emocional desafiarán la materialización y el éxito.

Esta semana observaremos cómo emanar perseverancia, duración, persistencia y la capacidad de salir victorioso de las batallas espirituales.

Fortaleza, persistencia y ambición son una combinación de determinación y tenacidad. Es un equilibrio entre paciencia, resistencia y agallas.

Persistencia es también ser fiable y responsable, lo cual establece seguridad y compromiso. Sin persistencia, ningún empeño, emprendimiento, proyecto o intención tiene oportunidades de éxito.

Persistencia significa estar vivo, verse impulsado por objetivos sanos, productivos y creativos. Es la disposición a luchar por aquello en lo que crees, para entregarte de lleno.

Sin semejante compromiso, cualquier emprendimiento queda vacío. Es una energía que proviene desde adentro y no se frena ante nada para lograr sus objetivos.

Esto, por supuesto, exige que la persistencia sea observada en profundidad para asegurar que es usada de una manera sana, equilibrada y a favor de la vida, recibiendo la emanación del corazón, de la belleza interior, integrando disciplina y amor incondicional.

DÍA 22 - El amor en la persistencia

Para que algo perdure, debe ser amado. Una actitud neutral o indiferente se verá reflejada en un compromiso deficiente.

Si tienes dificultades en asumir compromisos, observa con honestidad cuánto amas y disfrutas del proyecto, objeto, vínculo, que requiere tu compromiso.

¿Amo mi trabajo? ¿A mi familia? ¿Mis elecciones?

Para que la persistencia sea efectiva debe ser protectora y cariñosa. La persistencia sin amor puede ser contraproducente, rígida, controladora.

La persistencia cruda puede resultar severa y agresiva, lo que ahuyenta la cooperación de los demás. Por pura determinación, uno puede con frecuencia volverse controlador y exigente, alejando a los demás de la posibilidad de participar y cocrear.

Para que la persistencia sea efectiva, necesita de una actitud cariñosa, exige paciencia.

Observemos un proceso de conquista desde un amor interesado, cuántas veces se ama con persistencia, hasta que se consigue lo que se busca, ya sea conquistar una persona, pareja, amistad, un puesto de trabajo, y después se deja de persistir, de cuidar, de empatizar con lo que necesita el vínculo. Se inicia un proceso de deterioro que puede acabar en la desaparición, cuando no se ama de forma persistente, tiende a morir.

La persistencia es una prueba personal, interna, no para el otro, es la forma de reconocer realmente si amamos lo que buscamos y hasta que ya lo hemos obtenido, o más bien somos capaces de persistir en su cuidado.

- *AUTOOBSERVACIÓN*

¿Cuán comprometido estoy con mis valores?

¿Cuánto lucharía por ello?

¿Me doblegan con facilidad? ¿Dejo de cuidar cuando ya obtengo lo que quiero?

¿Mi persistencia hace que yo sea, o parezca, inflexible? ¿Mi persistencia y empuje me hacen ser una persona controladora?

¿Soy demasiado exigente?

¿Los demás que colaboran y conviven conmigo (equipos, amistades, familia) cooperan conmigo por pura fuerza de mi voluntad, insistencia, impulso, o por amor?

¿Mi persistencia es amorosa? ¿Cuida compasiva y empáticamente del otro?

Con el propósito de tener razón, ¿dejaría que otros pudieran resultar heridos?

¿Creo que el fin justifica los medios?

¿No frenaría ante nada para lograr mis objetivos?

¿Soy capaz de perseverar por amor a lo que hago? ¿Por amor auténtico a lo que amo? ¿Amo de verdad lo que creo que amo?

Y la gran pregunta, ¿amo lo que hago? ¿Lo hago por obligación o por coherencia?

- *PRÁCTICA DEL DÍA: LA ACCIÓN*

Además de la revisión anterior, hoy haz un listado de aquello que tienes pendiente y que sólo puedes lograr con persistencia.

Analiza desde lo más profundo, honesto y verdadero, si realmente amas el resultado de lo que completar lo pendiente te traerá, marca las que sí, las que amas lo que sucederá cuando las termines, las demás, descártalas. Es el momento de enfocar tu vida en lo que amas hacer, es la máxima garantía de éxito.

Las seleccionadas, hazlas con toda tu voluntad y perseverancia, trascendiendo resistencias, y recuerda cuánto amarías verlas completadas.

DÍA 23 - La disciplina en la persistencia

Ambas palabras en combinación pueden tener un efecto potente, venimos de sociedades en las que la implantación de sistemas con exceso de disciplina ha causado daños en la capacidad de empoderarse internamente, generando actitudes de sumisión y aceptación del rigor externo.

Aquí estamos hablando de una disciplina interna, que promueve el autoliderazgo y la emancipación del rigor externo.

La disciplina en la persistencia apunta hacia un compromiso con tus propios objetivos y expresada de un manera constructiva, cuidadosa y respetuosa, sólo así no será un elemento emocional caracterizado por la dureza y rigidez, las cuales se alejan de la felicidad y el corazón.

Valorar la restricción y el rigor interno como una ayuda y sostén, una fuerza a la que amar y atesorar cuando desea manifestarse un cambio evolutivo, más allá del deseo egoísta de querer recibir para uno mismo, sino que la fuerza sea el sostén y la ayuda de un beneficio mayor que trasciende las propias necesidades del yo.

Salir de la esclavitud de un ego egoísta va a requerir la integración de estos atributos emocionales como pilar del cambio.

Podemos desear alcanzar hitos de evolución y mejorar a nivel interno y espiritual, mas te recuerdo que el ego no desea cambiar, y el ego gobierna el reino de la pereza, la condescendencia y el autoengaño.

Entonces, encarnar la disciplina te ayudará a hacer oídos sordos cuando el ego clame por la repetición.

La disciplina te hará hacer lo que tienes que hacer para alcanzar tu propósito, tengas ganas de hacerlo o no. La disciplina es el puente entre el deseo de cambio y el cambio alcanzado.

Así que olvidemos la mala prensa de esta palabra y mirémosla con sumo amor y gratitud, como atributo necesario para el éxito.

Analizar la persistencia mientras caminas hacia lo que buscas te hará ver si lo que deseas es para alimentar tu ego y reconocimiento externo o busca alcanzar un cambio duradero y beneficioso para ti y los demás, la humanidad.

La disciplina en la persistencia te da la fuerza necesaria para conquistar partes de tu reino interno que todavía están dominadas por el ego, el instinto, la vagancia, la pereza y la entrega de tu empoderamiento a otros.

Esta conquista estará coronada por la humildad, por la restricción de mostrar las victorias al mundo externo para obtener reconocimiento.

Observa el juego que se da entorno a esto, por ejemplo, en el mundo de las redes sociales, como el lado oscuro de un ego que ensalza vidas desde una falsa obtención de éxitos en busca del reconocimiento externo.

• *AUTOOBSERVACIÓN*
¿Mi determinación y persistencia se centran en cultivar buenos hábitos y quebrar aquellos que no me benefician en mi camino evolutivo?

Mi determinación, ¿resulta de la fortaleza interna o de la debilidad ante el rigor externo?

¿Surge de la profunda convicción o de una actitud defensiva?

¿Soy tenaz desde la inflexibilidad y falta de voluntad para reconocer errores? ¿O me abro a la posibilidad de persistir atendiendo al cuidado del entorno y el beneficio también para otros?

Hoy, que ya llevas unos días de introspección en este camino de renacimiento, revisa la lista de adicciones de la práctica preparatoria del trabajo, y mira cómo estás en la persistencia de aquello que escogiste como hábito adictivo a dominar en estos días.

Te propuse:

«Escoge para estos días uno de tus vicios y déjalo al menos por 7 días, si le das hasta 21, ya lo tendrás dominado».

¿Qué tal lo llevas? ¿Dominaste o te dominó? No te juzgues por ello, tan sólo, observa cómo está el atributo emocional de tu disciplina combinado con la persistencia.

DÍA 24 - La compasión en la persistencia

Para que un proyecto tire adelante necesita ese equilibrio entre dar y recibir y tener en cuenta al otro.

La propuesta de hoy sugiere tener presente las cualidades de la compasión y la belleza cuando persistimos con otras personas en la interrelación que se desarrolla para nuestras metas, sueños, objetivos, proyectos.

Esto significa que cuando cocreamos y vamos en la misma dirección, lo que nos puede diferenciar es el deseo de cada ser que participa, por eso es muy importante tomar en cuenta el deseo de tu parterné, ¿compartís los mismos sueños, valores y metas en lo profundo?

Incluso aunque se esté trabajando hacia el mismo objetivo, puede que cada persona tenga una percepción diferente de lo que supone alcanzar ese objetivo, o de lo que se espera dar o recibir al alcanzar ese objetivo.

Aquí encontramos la cualidad de la maestría en liderar, es la columna central, el balance perfecto entre dar y recibir sin rendirse.

De alguna manera, en la organización vital, todos ejercemos algún rol de poder sobre otras personas, en el trabajo, con equipos, empleados, hijos, alumnos, seguidores.

Cuando lideras inspirando y acompañando el proceso de alcanzar un objetivo colectivo o contagiando el entusiasmo, ten presente que no todos quieren lo mismo y de la misma forma, así que recoge esta situación como una oportunidad maravillosa para desarrollar tus habilidades y crecimiento como líder.

Así que tanto en los equipos, las familias, las parejas, es importante determinar el propósito común, que ayudará a la consecución de objetivos comunes, y a la vez, culminar los propósitos y deseos individuales. Es importante preguntar y conocer el deseo de cada miembro.

• *AUTOOBSERVACIÓN*

¿En qué áreas de mi vida tengo influencia sobre otros y como la utilizo?

¿Pienso en el deseo y beneficio del otro?

¿Podrían los demás decir que tengo una manera bella de liderar o sólo mando?

¿Soy compasivo con quien me resulta más fácil o me cae bien, o incluso con quien no me entra tan fácilmente? Por ejemplo, compañeros de trabajo.

¿Mi persistencia es desproporcionada y priorizo el trabajo sobre el amor? ¿El fin justifica las formas?

¿Soy capaz de elevarme por encima de mi ego y empatizar con quienes colaboran conmigo?

• *PRÁCTICA DEL DÍA: LA ACCIÓN*

Encuentra de qué manera puedes persistir como líder que muestra compasión y belleza basándote en a las cualidades antes mencionadas, y observa como ya no tendrás que mandar más, porque te seguirán. Se trata de atraer y no de remar detrás de las personas para que alcancen el objetivo.

En el día de hoy, también sé paciente y escucha a quien generalmente te impacienta, ten en cuenta su necesidad y observa de dónde surgen las sensaciones que te provoca.

DÍA 25 - La fortaleza en la persistencia

Hoy abordamos una mirada a la ley del espejo, lo cual significa que aquello que te llega de los demás, y que de alguna manera puedes ver, percibir, te toca, te duele, te inspira y, sobre todo, aquello que más te molesta, habla de ti.

Muchas veces, es mucho más sencillo ver aquello que los demás tienen que cambiar, pidiendo que así sea, exigiendo incluso que hagan aquello que consideramos que es lo adecuado, en lugar de cambiar nosotros.

La regla es sencilla, aquello que le pides al otro que cambie es precisamente lo que necesitas cambiar en ti para estar en equilibrio.

A veces, podemos pedir a los demás que persistan, que perseveren en esto o aquello, mas ¿nosotros somos perseverantes?

Es muy común ver a padres y madres, u otros educadores, dando consejos, exigiendo cambios en los hijos e hijas que ellos son incapaces de hacer en sí mismos. La mejor educación no es el consejo es el ejemplo.

¿Eres fuerte en tu persistencia? ¿Tan fuerte como lo que esperas de los demás? Y no hablo de medirnos con los demás en aspectos donde sabemos que nosotros somos persistentes porque no nos cuesta tanto. Se trata de hacer restricción y poner ese esfuerzo extra donde sólo yo sé que soy débil.

Como siempre, observa con honestidad y aprovecha la energía del día de hoy para sanar la dejadez y la vagancia. Estos atributos impiden la manifestación de proyectos, sueños y, sobre todo, es la principal trampa por la cual la mayoría de los humanos siguen en la esclavitud.

- *AUTOOBSERVACIÓN*

Cuando me embarco en un proyecto, ¿soy consistente y digno de fiar?

Si tengo voluntad y determinación, ¿por qué soy tan cambiante?

¿Evito circunstancias y vínculos que requieran un compromiso por mi parte?

¿Temo quedar atrapado por mi compromiso? Si es así, ¿por qué?

¿Es una reacción a algún trauma del pasado?

En lugar de cultivar mi persistencia en áreas sanas, ¿he desarrollado una capacidad de persistencia para las experiencias destructivas y que me anclan en la esclavitud del ego?

¿Subestimo mi capacidad para persistir?

• *PRÁCTICA DEL DÍA: LA ACCIÓN*

Haz una lista con aquellos aspectos que te molestan de los demás, selecciona los que te cuesta más a ti cambiar y desarrollar y ponte manos a la obra. Realiza el esfuerzo que esperas de los demás, ya que suele ser la misma proporción en la que tú debes cambiar.

DÍA 26 - La humildad en la persistencia

Aquí se encuentra un poderoso equilibrio a manejar, y es la base del despliegue de la creatividad y el propósito vital. La armonía entre humildad y persistencia es el sostén de todo el trabajo espiritual.

Observemos la humildad cuando persistimos en algo y, sobre todo, cuando «ganamos», cuando se consigue un resultado de éxito. Lo mismo cuando juzgamos o medimos al otro según el éxito externo, o por el contrario, según una apariencia de derrota.

El éxito no se mide por lo que parece, se mide por la verdad interna, por la profunda conexión con lo divino y la pérdida total de la importancia personal. Un éxito con humildad es cuando se ha superado el ansia del éxito del mostrar, del vanagloriarse de los triunfos, incluyendo por supuesto los espirituales, y se ha hecho consciente del alma.

El éxito es una entrega, y lo viven quienes se han entregado enteramente después de una profunda purificación, son desinteresados y pueden triunfar sin que ello les afecte, o les haga creerse distintos, o más elevados, sin que ello les toque.

Hay que ser muy grande para poder soportar el éxito, haber trascendido los 49 aspectos emocionales que aquí se están transmutando. Por eso alcanzar el éxito requiere de méritos, y los méritos se alcanzan en la integración de estos 49 aspectos que aquí se presentan.

Puede aparecer un éxito visible externo, ¿cómo lo medimos en nuestras sociedades llamadas avanzadas? Por la capacidad de acumular medios materiales y proyectando una imagen que represente tal éxito, sólo hay que ver la mayoría de los nuevos exitosos que reinan en algunas redes sociales. Ése es el indicador de la sociedad actual.

Hablamos de éxitos que, además, incluyen el brillo del alma, con propósito, con humildad, compasión y generosidad.

La Madre, escribe en su libro *El camino soleado*: «Y después de todo, el éxito, es quizás la última prueba que el Divino da a alguien: ahora que tú eres noble, que eres desinteresado, que no tienes egoísmo, que no perteneces a nadie más que a mí, voy a hacerte triunfar. Vamos a ver si lo resistes».

Y Rabbi Yehuda Brandwein dijo: «¿Quieres saber si lo que acabas de hacer es lo más espiritual que podías haber hecho? Fíjate si te hizo sentir importante. Si tu EGO creció, entonces no fue espiritual».

- *AUTOOBSERVACIÓN*

Cuando tengo un logro espiritual, ¿me creo más importante?

¿Me diferencio de los otros por mi nivel de conciencia? ¿Me separo?

¿Atribuyo mi éxito solamente a mi propia fuerza y profunda determinación?

¿De dónde obtengo mi fuerza cuando todo parece tan desolado y tengo que remontar?

- *PRÁCTICA DEL DÍA: LA ACCIÓN*

La propuesta de hoy es ahondar en ti en busca de esos aires de grandeza que te das al reconocerte determinadas victorias, sobre todo, las espirituales.

Revisa desde dónde ayudas cuando los demás vienen a ti en busca de apoyo, ¿lo haces desde la compasión o desde el creer que ya sabías lo que necesitaba el otro? ¿Dices frases de este tipo «Te lo dije» «Ya lo sabía»?

O incluso aunque no lo digas, ¿lo piensas realmente? ¿Te lo crees?

Busca en ti todas las veces que has dicho o pensado que tu nivel de conciencia es superior porque has hecho tales cursos, tales meditaciones o leído tales libros. Observa si te ves recomendado eso mismo que te ha servido a ti sin que nadie te lo haya pedido, para «ayudar».

¿Cómo ves a los demás? Observa si este acto de juicio te separa de los demás, incluso si has dejado a personas cercanas porque no están en tu mismo nivel.

Recuerda, la separación es una ilusión, puedes ver todo ello en los demás, porque tú también estás o has estado ahí. Todos somos la misma conciencia viviendo una experiencia dual.

Esta práctica es válida para logros espirituales, y por supuesto, para cualquier tipo de logro empresarial, educativo, deportivo o lo que sea que te identifique en la cualidad de falta de humildad ante tus logros.

DÍA 27 - La vinculación en la persistencia

Es la fuerza de la conexión, de la vinculación en lo que desarrollamos, donde se manifiesta un auténtico progreso.

Podemos ver que tenemos una vida en la que vamos cumpliendo, en nuestros trabajos, negocios, familia, incluso en nuestra evolución espiritual, podemos decir que «vamos haciendo», las cosas van saliendo e incluso «lo hacemos bien», en fin, cumplimos.

Sin embargo, puede que no haya suficiente entrega, pasión.

Se percibe claramente cuando alguien se entrega a la causa o cuando se hace por hacer.

Entonces, se trata de progresar y avanzar con conexión profunda.

Si te conectas con lo que haces, conectas con la vida.

La unión, la entrega, da sentido a dónde se pone la energía.

A veces, le ponemos mucho empeño a los proyectos, pareja, práctica espiritual, y no llega a buen fin, o no se completa, no se acaba manifestando el proyecto.

Es ahí cuando hay que observar y analizar profundamente, ahondar en mi yo, ver dónde se ha fallado, qué aspectos de mi campo emocional han paralizado este proceso, con honestidad.

Si desarrollamos proyectos sobre un campo emocional inmaduro, es posible que se manifiesten estos estadios de inmadurez afuera para aprovechar así la situación y evolucionar como alma.

En esta misma observación, si acompañas a otras personas o les ayudas a que perseveren en su vida, ¿cómo lo haces? ¿Haces lo que dices? ¿Los consejos que das a otros también los aplicas en ti?

Es decir, se anima a otros para que cambien, y tú, ¿qué cambias?

- *AUTOOBSERVACIÓN*

¿Hay pasión en lo que hago en cualquier aspecto? ¿Hay conexión? ¿Hay una excitación en lo que hago, en la entrega?

¿Para qué hago lo que hago?

Cuando animo a otros para que cambien, ¿yo también lo hago? ¿O sólo lo digo, pero yo no lo hago?

- *PRÁCTICA DEL DÍA: LA ACCIÓN*

Mira dónde pones tu energía, haz una lista de tus acciones en todo, pareja, profesional, etc. Cuando hago algo, ¿para qué lo hago?

Mira la respuesta y si hay entrega, pasión, conexión vinculación, es coherente, si lo haces porque sí, porque toca, por egoísmo, no hay coherencia y no acabará bien.

Día 28 - La nobleza en la persistencia

En el séptimo día de la cuarta semana, integramos los 6 atributos anteriores que se han corregido y, además, la cualidad última, que es la nobleza, la humildad, la dignidad.

Este último día es la coronación de las cualidades, el reinado metafórico de nuestro mundo interno, la soberanía completa.

El verdadero líder noble busca siempre también el beneficio de los demás en sus acciones. Para esto se requiere humildad, saber que yo no soy lo que hago, no buscar el reconocimiento de las acciones, sino volver de nuevo a la entrega, al dar sin esperar recibir.

Cuando lo que buscas en tus acciones es el reconocimiento, la comparación, la competición, es un progreso a corto plazo, vacío, sin propósito.

Hablamos también de una humildad necesaria para progresar, y es que no importa en qué área queremos progresar, evolucionar, tenemos que hacernos conscientes y conocedores de las leyes que reinan en el universo, las leyes de la creación, leyes metafísicas, espirituales o leyes físicas en el mundo y uno debe tener la suficiente humildad para aceptarlas, transitarlas, conocerlas y desde ahí usarlas a favor de la vida, no ir en contra.

• *AUTOOBSERVACIÓN*
¿He integrado las 6 cualidades de los días anteriores en cuanto a la persistencia?

Cuando persisto en algo, ¿lo hago por reconocimiento y honra externa?

Mi determinación ante la vida y proyectos, ¿contiene la dignidad? ¿Saca a relucir lo mejor de mí?

Cuando enfrento adversidades, ¿emergen actitudes de soberanía, confiando en las fuerzas mayores y en mi centro, o me acobardo y tiemblo de miedo?

• *PRÁCTICA DEL DÍA: LA ACCIÓN*
Hoy observa la calidad de tu persistencia y si es realmente en beneficio de los demás o si sólo la utilizas para imponer una idea.

Ser persistente no es ser una persona necia. Persiste sólo en aquello en que haya nobleza y que proporcione dignidad a los demás.

La humildad

Esplendor

Durante la quinta semana, abordamos estos atributos del mundo mental, emocional: **la humildad, esplendor.**

Si la persistencia es el motor de la vida, la humildad es su combustible.

La humildad es el socio silencioso de la persistencia. Su fuerza está en su silencio. Su esplendor está en su reposo.

La humildad, y lo que resulta de ella, no ha de confundirse con debilidad y falta de autoestima.

Humildad es modestia, es reconocer claramente tus cualidades y fortalezas, y admitir que no son propias, que son dones que han sido dados para un propósito más elevado que simplemente satisfacer tus propias necesidades.

Los dones y talentos han sido instalados en nuestra esencia para poder servir al plan mayor con nuestras máximas capacidades. Cuando no somos fieles a ellas, cuando no desplegamos todo nuestro potencial, estamos alimentando el ego desequilibrado, ya que se refugia en la inferioridad, la vergüenza, la falta de autoestima y la autovaloración, para servir a la oscuridad de la sombra. Viviendo en la envidia de mirar a quienes sí lo hacen sin atreverse, desde la barrera del miedo. Entonces, esto no es modestia, es ego.

La humildad es modestia en cuanto a que puedes reconocer lo pequeño que eres, lo que te permite tomar conciencia de cuán grande puedes llegar a ser. Y eso hace a la humildad tan poderosa y maravillosa.

La persistencia deriva su energía del reconocimiento de la humildad. La persistencia humana llega apenas tan lejos como tu nivel de tolerancia. El reconocer que tus fuerzas provienen de un lugar más elevado te da el poder de resistir mucho más allá de tu capacidad según tú la percibes.

La mente limitada es la que pone barreras, ella sólo puede mostrarte lo que conoce y lo que es cómodo, jamás te mostrará de lo que eres posible, eso se encuentra en la sabiduría del corazón, y sólo se accede yendo más allá de la mente. Alineando el ego con el corazón, poniéndolo a su servicio.

Una copa llena no se puede llenar. Cuando tú estás lleno de ti mismo y de tus propias necesidades, «Yo y nada más», no hay lugar para más.

Cuando te «vacías» ante algo más grande que tú, tu capacidad de recibir se incrementa más allá de tus supuestos límites previos.

Cuando das, recibes, cuando te entregas, sucede la magia.

La humildad es la llave para la trascendencia, para llegar más allá de ti mismo. Sólo la verdadera humildad te da el poder de la objetividad total.

Humildad es sensibilidad. Es la vergüenza sana que resulta de reconocer que puedes ser mejor de lo que eres y que puedes esperar más de ti, convirtiendo este sentir en el motor evolutivo que no te permita detenerte demasiado tiempo en lugares de mediocridad, interna y externa.

Pese a que la humildad es silenciosa, no es un vacío. Es una dinámica expresión de vida que incluye por entero las siete cualidades de amor, disciplina, compasión, persistencia, humildad, vinculación y soberanía.

La humildad es activa, no pasiva, no es un estado de ser, sino una interacción aun en su calma. Humildad que es una extensión del amor incondicional, y su atributo es el dar. A la vez, en equilibrio con la restricción y los límites de cuidado que hemos visto en la semana 2.

Este equilibrio es el estadio deseable para lograr un cierto control sobre el caballo emocional que mueve tu vida. El hacerse consciente e ir observando aquellas situaciones y vínculos que promueven una polarización en extremos entre el exceso de dar y el exceso de recibir, observar cuando no se están poniendo los límites que contienen y crean la vasija de vida.

A la vez, en su otra polaridad, aparece en la sombra un espacio para las energías más densas y oscuras, a las que se accede a través de los juicios, son la puerta a lo denso, a la separación, ahí surge el potencial para la energía dañina que destruye todo acto creativo.

¿Cuál es la relación entre el esplendor y la humildad y la sumisión? Al parecer son totalmente opuestos. Como lo es la pierna izquierda y la derecha.

En estas dos próximas semanas, se determina en qué lugar estamos poniendo nuestra energía de vida.

¿Utilizamos el mundo físico para elevarnos espiritualmente? ¿O tomamos toda la energía metafísica para concentrarnos en lo material, entregando entonces toda la energía espiritual al «lado oscuro»?

Cuando alguien hace esto, permite que las fuerzas del mal se nutran a través suyo. La clave del verdadero esplendor de una persona es el espiritual. No el material.

Cuántas personas ves llenas de bienes materiales, mostrando un esplendor que es una proyección de sombra en lugar de luz, ¿y al revés?

El principal atributo negativo del ser humano que entrega la luz es el EGO. El antídoto y guardián de nuestra luz es la humildad.

La humildad es la verdadera esencia del alma del ser humano.

Cuando un ser humano es verdaderamente poderoso, carece de ego. La humildad no es debilidad, es la expresión de un alma y un ser poderoso sin los velos oscuros del ego.

Y hablamos del ego separado, del que separa conocimiento de sabiduría, separa mente y corazón, separa cuerpos y conciencias. Con este trabajo y con el salto evolutivo humano, buscamos la entrega del ego a la sabiduría infinita del corazón.

Día 29 – Amar con humildad

Si en los 7 días anteriores el movimiento era hacia el exterior, la conquista, el perseguir hacia fuera, ahora es un movimiento hacia dentro, de alguna manera, cerrarse, contraerse al mundo interior.

Ése es el ritmo orgánico de la vida, expansión y contracción, sístole y diástole.

Cuando admitimos algo, es decir, nos detenemos un instante ante la vida, miramos alrededor, observamos aquello que ya tenemos, lo reconocemos, y desde lo profundo del corazón agradecemos que así sea, ese movimiento, en lugar de contraer, expande el mundo interno, genera nuevos espacios de profundización en el mundo interior.

Examina el amor en tu humildad. La humildad sana no es desmoralizante, trae amor y alegría, no miedo. La humildad carente de amor debe observarse si es auténtica o interesada.

La humildad trae amor porque te da la capacidad de elevarte por encima de ti mismo y amar a otro. Se ha confundido la «humildad» con ser buena persona, o lo que es peor, con ser pobre en bienes materiales.

Existen ricos humildes y pobres arrogantes. Todo son constructos mentales y generalizaciones que sólo sirven para la manipulación y la separación.

Es más, me permito eliminar el concepto rico y pobre, porque está sesgado y cargado de representaciones alienantes y limitantes.

• *AUTOOBSERVACIÓN*

¿La humildad me hace ser una persona más cariñosa y generosa?

¿Más expansiva, o me inhibe y restringe?

¿Soy humilde y feliz, o humilde y miserable?

¿Soy capaz de agradecer lo que ya tengo? ¿Estoy en la búsqueda constante de lo que no tengo?

Cuándo doy, ¿es para que llenarme yo? ¿Para sentirme bien dando?

• *PRÁCTICA DEL DÍA: LA ACCIÓN*

Los sabios de la cábala dicen que cuando se da una limosna, la mano que da debe quedar más abajo que la mano del que recibe, de manera que si alguien lo ve desde lejos parezca que quien está dando es el mendigo y el que da se vea como el receptor.

Desde hoy empieza a dar con humildad.

Día 30 - El límite en la humildad

En los días pasados, veíamos que hay leyes del universo, leyes que corresponden a un plan mayor, que toca aceptar y conocer y usarlas a favor de la vida, de la creación, hemos venido a ser seres creativos.

Y en el día 29 observábamos la capacidad de agradecer lo que ya se tiene, lo que ya se nos ha dado, con humildad, hoy observamos el vínculo entre el límite y la aceptación.

Aceptamos lo que nos sucede, porque no lo podemos cambiar, ya ha pasado, sea lo que fuere, incluso abusos de autoridad, emocionales o físicos.

Eso no significa que los aceptemos y nos sometamos a eso. Puedo usar mi poder de elegir y cambiar eso que no quiero que suceda más de aquí en adelante.

Cada día vemos a nuestro alrededor la consecuencia de las leyes impuestas desde una falsa humildad, desde una falsa creencia de querer cuidar de los demás, y al final, es la manifestación del ego, la manifestación de una fuerza egoísta que manipula para recibir para sí mismo.

Entonces, se trata de prestar atención a cuando alguien está usando la falsa humildad como una máscara para conseguir algo de ti.

Y a la vez, poner atención a si tú estás usando esa máscara de falsa humildad para conseguir algo de alguien.

Es peor una persona falsa humilde que alguien que muestra su egocentrismo sin filtro, éste último tiene oportunidades de cambiar y evolucionar, la otra vive en su autoengaño.

- *AUTOOBSERVACIÓN*

¿Cuándo debe mi humildad aceptar el compromiso con una persona o situación y cuándo no?

¿Ser humilde compromete mis niveles de dignidad?

En nombre de la humildad, ¿permanezco a veces en silencio y neutral frente a la perversidad? ¿Por qué lo hago? ¿Por miedo, cobardía? ¿De qué?

¿Qué aspectos de mi vida y mi entorno deseo limitar porque afectan a mi dignidad? Ya sea causados por mis actos o por terceras personas.

- *PRÁCTICA DEL DÍA: LA ACCIÓN*

Hoy escribe 3 cosas que no quieres que sucedan más en tu vida. Algo a lo que quieres poner límite, ya sea a terceras personas, vínculos, laboral, familia, vicios, actos adictivos físicos o emocionales.

Escribe, de hoy en adelante esto ya no deseo que se manifieste más, para siempre.

Y después, lista al lado la acción positiva, el aprendizaje, la mejora, que va a traer a tu vida.

Ese acto positivo es lo que te va a ayudar a anclarte. Conecta con toda la luz y salud integral que aporta a tu vida este límite.

Día 31 - La belleza en la humildad

En estos días anteriores, comentaba que lo humilde no es pobre, lo humilde contiene la belleza de lo sencillo, del esplendor que brilla más allá de la forma material.

La humildad es la naturaleza de nuestra alma, ya que es el atributo más opuesto al ego, que es la conciencia natural, más unido y vinculado al cuerpo, por tanto, a la forma.

Los ojos son la puerta y el espejo del alma. Cuando miramos, es nuestra alma la que toca lo que es visto. Los ojos físicos son un filtro entre el alma y el mundo externo, y al ser físicos, seamos conscientes de que estamos en constante riesgo de ser engañados allí donde miramos.

A través de los ojos, de la mirada, llega información al cerebro y éste la procesa según un sofisticado sistema de varios subcerebros –reptiliano, amígdala y neocórtex–, resumiendo mucho, y esto va a determinar la interpretación de lo que vemos, cómo afecta a nuestras emociones, memorias y poder de elegir, si es que somos conscientes de ello.

Hace veinte años, antes de que el uso y la expansión de las redes sociales e Internet como medio de vida, tan instaurado como el respirar, nuestro cerebro, basándose en lo comentado antes, nuestra alma también recibía una media de 3000 impactos publicitarios cada día.

La publicidad es el medio más sofisticado y a la vez paupérrimo de manipular a un humano, de condicionar, implantar en su sistema lo que necesita, cómo vivir, y encasillarle en un estrato social, estableciendo una serie de necesidades irreales que le mantendrán siempre en búsqueda de una felicidad artificial y, dicho sea de paso, inalcanzable, porque es un sistema insaciable.

La publicidad va directa al cerebro reptiliano y emocional, la amígdala, eso significa que van directa a entrar en tus necesidades básicas de supervivencia, pánico, placer y poder.

Hoy en día, en este presente, este impacto se ha doblado, con una media de 6000 *inputs* diarios.

Ir por la calle, ver coches, personas vistiendo de una determinada manera, entrar en una cafetería, ir al supermercado, activar más de cuarenta veces al día tus redes sociales, todo son *inputs* que el cerebro procesa.

Leer determinadas noticias, consumir determinados tipos de audiovisuales. Todo lo que entra por los ojos, afecta al cerebro y al alma.

Y lo que es más grave, todo lo que entra por los ojos corresponde a un mundo material, al mundo de lo físico, por tanto, son engañados constantemente por lo que ven y por el filtro de percepción de la realidad que determina y clasifica la información de lo que vemos basándose en creencias limitantes, patrones y otros sofisticados sistemas de condicionamientos.

En estos últimos cincuenta años, nuestro sistema de visión se ha visto invadido por multitud de imágenes impensables en la humanidad del pasado.

¿Cómo nos ha afectado a la forma de vivir, al campo emocional y a cómo interpretamos la «realidad»?

Hemos accedido a la visión de mundos, rincones del planeta, del cosmos, de la profundidad del cuerpo humano, majestuosas construcciones humanas, productos de consumo, cuerpos de personas modificados, elevados a la idolatría, alimentos imposibles, todo cada vez más y más impactante, ya nada nos sorprende, es como si estuviera todo visto.

Y así, esta saturación visual nos ha ido llevando a buscar imágenes cada vez más impactantes, que van saciando la incansable demanda del ego, que cuanto más presente está en el mundo de lo visible, de la materia, cuanto más brilla la forma, más ciegos están los ojos de la espiritualidad.

Humilde no quiere decir pobre en lo material,
quiere decir pobre de ego, rico en luz.

Cuando empecemos a apreciar la belleza humilde, sin efectos especiales, entonces empezaremos a percibir lo grandioso y bello que es este mundo.

• AUTOOBSERVACIÓN

¿Soy consciente de cómo me afecta cada impacto visual que entra por mi mirada?

¿Juzgo lo que veo y a quién veo?

¿Soy consciente de mi adicción a mirar?

¿Clasifico a las personas por su imagen, por lo que muestran?

¿Doy valor al mundo material en función de lo que entra por mis ojos?

• *PRÁCTICA DEL DÍA: LA ACCIÓN*

Hoy hazte consciente de cada impacto visual, usa tu poder de elegir para evitar que la programación implícita en tal impacto manipule tu cerebro y tus pensamientos.

Olvida por un día la manipulación impuesta por la industria gráfica y busca la belleza en lo humilde, en lo simple, en lo que está conectado con un orden de vida más profundo, más álmico.

Una flor, una mirada, el brote de vida de una semilla, la espontaneidad de niños jugando, apreciar los actos bellos, humildes, el trabajo digno de una persona sin importar lo que gana, lo impresionante de ser transportados en un vehículo sin prestar valor al automóvil en su forma, etc.

Hoy descansa de los impactos visuales innecesarios, hasta me atrevo a pedirte que no mires tus redes sociales, la televisión, o aquello que te invita a caer en la trampa de la mirada, una y otra vez.

Prueba a conectar con tu alma con los ojos cerrados. Busca espacios de ojos cerrados siempre que sea posible, si vas en transporte público, busca la mirada interna, conecta con el infinito de tu mundo «invisible».

Día 32 - Persistir en la humildad

Es el profundo deseo de estar cada vez más cercano a la luz lo que acaba generando actos de humildad.

Se confunde humildad con debilidad, y es todo lo contrario, ya que la humildad es la consecuencia de haber ido eliminando el ego, así que esa persona cada vez cuenta con más fortaleza.

La humildad da la capacidad de ver, como a vista de águila, elevándose por encima de la ceguera del ego.

Ser humilde es ser verdaderamente más fuerte. Lo fácil es seguir en el camino automático, en la reacción constante y en poner la responsabilidad afuera de lo que te sucede.

- AUTOOBSERVACIÓN

¿Mi humildad resiste los desafíos?

¿Soy firme en mis posiciones o blando en nombre de la humildad?

¿Soy humilde para no parecer arrogante y por tanto uso la máscara de la humildad?

¿Mi humildad es percibida como debilidad?

¿Esto hace otros se aprovechen de mí?

- PRÁCTICA DEL DÍA: LA ACCIÓN

Escoge aquello que sabes te hace salirte de tu estado de humildad y respeto hacia el otro. Aquello que te hace reaccionar con tu entorno, familia, trabajo, compañeros, etc.

O quizás, aquello que «no puedes evitar» y lo haces desde un acto reactivo, como puede ser beber alcohol o comer cuando estás estresado o tienes ansiedad, huir de la situación para no enfrentarte a ella. Aquello que es un acto reactivo.

Escríbelo y tenlo presente, aunque sólo sea una acción.

Y comprométete a que no lo harás más, y si lo vuelves a hacer, porque no puedes evitar no reaccionar, no te tratarás mal y tampoco te juzgarás.

Este último acto es lo que evita la repetición. El autojuicio es el bucle. Sal de él.

Día 33 - La máxima humildad

Hoy es un día muy especial simbólicamente, es el día 33, un número con mucha potencia, y se abre un portal a favor de la transformación.

Y es el día del punto más exponencial en cuanto a la manifestación de la humildad.

La humildad se manifiesta cuando la luz remueve el ego, y ése es uno de los propósitos finales de nuestra existencia, vivir sintiendo al otro como a uno mismo y poniendo las necesidades del otro en el mismo plano que las nuestras.

Hoy, día 33, es el día del compromiso con esta energía.

Hoy es un buen día para iniciar algo nuevo, un nuevo contrato, un compromiso, llevar luz a aspectos del ego que necesiten ser corregidos.

Toma toda la fuerza del día de hoy para observar qué aspectos del ego son los que siguen atrapándote en la esclavitud, en el bucle: enfados, ira, envidia, competición, exigencia, separación, juicios, deseos adictivos corporales, falta de alegría.

Todos estos aspectos nos alinean al lado oscuro de la vida y perpetúan la idea de separación del otro, creyendo que yo soy distinto.

- AUTOOBSERVACIÓN

¿Mi humildad es auténtica?

¿Alardeo de mi humildad?

- PRÁCTICA DEL DÍA: LA ACCIÓN

Para hoy, simplemente toma esta Luz extra de este día y enfócala solamente en un aspecto a transformar, sólo una cualidad de tu ego que ya no deseas que se repita.

Anota el día de hoy y decreta exactamente el día que es, de modo que el siguiente año, ese aspecto de ti, ya no exista en tu vida.

Día 34 - Persistir en la humildad

Conforme vamos desarrollando nuestro camino a través del autoconocimiento y la evolución del alma, desarrollando cada vez más la humildad en los términos mencionados antes, es muy importante que no nos separe de aquellos que llevan otro ritmo en su camino evolutivo o que quizás todavía no han visto el beneficio en deshacerse del ego.

Se trata de mantener el equilibrio entre la distancia prudente con aquellas compañías que nos acercan a las pasadas versiones de nuestra personalidad, con las que caemos fácilmente en las trampas de la esclavitud, y la profunda comprensión, que, en el último término de nuestra evolución, buscamos la unión entre personas, todos somos uno.

Esta cualidad de persistencia en la humildad apunta hacia el sano equilibrio entre la distancia prudente y la no separación. Es un arte a cultivar.

Recuerda, que todas aquellas personas que la vida puso en tu camino tienen algo para ti y tú para ellas. Se trata de poder mantener el lazo con estas personas, sin caer en las trampas anteriores, de querer cambiarlas, juzgarlas o etiquetarlas, sólo por el hecho de que no hayan crecido igual que nosotros.

Ten presente, que tu permanencia ahí y tu humildad, serán la mejor enseñanza que puedes ofrecer a tu entorno, convirtiéndote en faro de luz y que tu vida sea una inspiración.

- *AUTOOBSERVACIÓN*
¿Mi humildad resiste los desafíos?

¿Soy firme en mis posiciones o blando en nombre de la humildad?

¿Soy humilde para no parecer arrogante? ¿por tanto uso la máscara de la humildad?

¿Mi humildad es percibida como debilidad?

¿Esto hace otros se aprovechen de mí?

- *PRÁCTICA DEL DÍA: LA ACCIÓN*
Visualiza a alguna persona de tu entorno a la que has estado evitando debido a que en algún momento la juzgaste por estar en otro nivel evolutivo, o que te alejaste de ella debido a que la etiquetaste como diferente o incluso inferior, ya sea en el plano profesional, emocional o espiritual.

Llama a ese alguien, genera una aproximación, aunque sea tan sólo para que perciba que aún te importa.

No te preocupes si quizás ese cambio de actitud por tu parte pueda generar incomodidad o extrañeza en esa persona, tan sólo céntrate en mostrar tu amor incondicional, sin juicio.

Muéstrale alegría, amor y felicidad. Este acto es más poderoso que cualquier curso, taller o libro sobre evolución consciente.

Día 35 - El liderazgo humilde

Ésta es una corrección importante en el aspecto de la psique humana. El orgullo oculto en el ser humano, que se cree Dios.

El orgullo, es lo contrario de la humildad. Y en realidad, es una cualidad que enmascara el profundo miedo a la vulnerabilidad, a confiar, a sentir. El orgullo, endurece el corazón. Pretende controlar una situación, manipular y manejar la realidad para protegerse.

El camino hacia la humildad desde el orgullo es la aceptación de lo que está sucediendo, de lo que se escapa del control de mi capacidad de controlar todo y a todos los que están a mi alrededor como un escudo de protección.

El posicionarse en un lugar equilibrado entre el orgullo y la humildad, requiere de un liderazgo.

Si miras a tu alrededor, ¿qué ves? ¿humildad (en las cualidades nombradas estos días)? ¿o arrogancia? ¿orgullo? ¿máscaras de protección?

Un indicador del estado real de una sociedad sería observar cual es la cantidad de humildad colectiva, o en su defecto, la falta de ella, es decir, exceso de orgullo.

Y como miembro parte de esta sociedad colectiva, eres corresponsable de lo que tienes ante tus ojos, de tu reinado, de lo que está a tu alcance.

Sin embargo, no todos los miembros de una sociedad cuentan con el mismo nivel de responsabilidad, ya que todavía, vivimos en una sociedad organizada de forma jerárquica y patriarcal.

Las personas que ostentan cargos de responsabilidad en lo alto de la jerarquía tienen la obligación de cuidar la calidad de su cargo, teniendo en cuenta que lo que pide esta nueva humanidad que estamos transformando, son líderes humildes.

Me viene a la cabeza ejemplos como el expresidente de Uruguay, José Mújica, Nelson Mandela en Sudáfrica.

Recordando que humildes no significa pobre, mas sí es pobre en ego, rico en corazón.

La mayoría de líderes que vemos en nuestras modernas sociedades y grandes empresas, despliegan un tipo de poder basado en estrategias de manipulación y control, como arma de defensa y protección ante el miedo de la pérdida de estatus.

Este mecanismo de defensa es una reacción primitiva, basada en la parte del cerebro más primaria, el reptiliano, la parte animal instintiva que guarda la estrategia de supervivencia para protegerse de los depredadores, así que aparenta ser más fuerte, desplegando un contingente en versión actualizada, para asustar al oponente.

Ser el jefe de la manada, y en este momento humano, estar arriba de la pirámide, ya otorga *per se* una protección añadida, por tanto, se está en un lugar menos vulnerable que el resto, así que ya no necesitan tanto ego, por el simple hecho de tener tal orden jerárquico.

De este modo, es obligación del líder actual, mantener un alto grado de humildad y disminuir el ego.

Cuando se lidera de forma humilde, ya no tienes que arrebatar el poder a los más débiles, sino más bien, cuidar del poder que te han otorgado quienes han confiado en tu posición de líder.

Así que es vital tomar las decisiones adecuadas que cuiden, dignifiquen y empoderen a la comunidad, sabiendo que cuanto mejor está la comunidad que lidero, mejor será mi liderazgo, más abundancia y crecimiento para todos.

Observa dónde tienes una posición de líder, en la familia, amigos, trabajo, organizaciones sociales, o si eres el mismo presidente o presidenta del gobierno.

Todos somos líderes en algún aspecto o área de nuestra vida. Empezando por nuestro propio reinado, nuestro propio cuerpo, templo sagrado, nuestra propia vida.

- *AUTOOBSERVACIÓN*
¿Utilizas el orgullo para protegerte?
    ¿En qué aspectos de tu vida ejerces un liderazgo?
    ¿Tu liderazgo es humilde o arrogante?

¿Dónde no eres líder? ¿Por qué?

¿A quién estás entregando tu liderazgo y por qué?

¿Criticas y juzgas al líder? ¿Por qué?

- *PRÁCTICA DEL DÍA: LA ACCIÓN*

Concreta basándote en la autoobservación anterior, en qué áreas de tu vida estás ejerciendo una posición de líder, y actúa en las medidas correctoras que consideres para que tu liderazgo sea humilde.

Presta atención a si tu liderazgo es orgánico, si te lo han cedido o lo has arrebatado.

Y si en tu observación te das cuenta de que no eres líder en nada, ¿por qué? Si en ti está la cualidad de la humildad, escoge en qué vas a liderar, la humanidad necesita muchos líderes humildes, no lo postergues más.

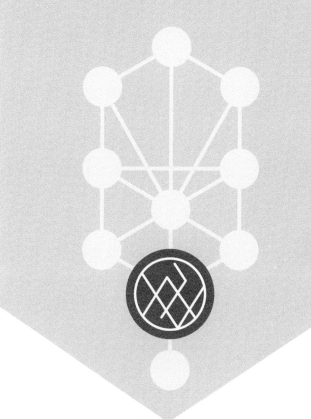

La vinculación
Materia - Energía Sexual

La vinculación es la máxima conexión emocional. Mientras que las primeras cinco cualidades (amor, disciplina, compasión, persistencia, y humildad) son interactivas, todavía manifiestan dualidad: hay alguien que ama y alguien que es amado.

El énfasis se pone en los sentimientos del individuo, no necesariamente en la reciprocidad.

La unión, por el contrario, es una fusión plena de dos. Sin unión, ningún sentimiento puede ser genuinamente concretado, es la diferencia entre hacer el amor o masturbarse. Aunque uno puede hacer el amor consigo mismo, y es maravilloso, va a necesitar al otro para entregar toda esta completitud que hemos conquistado en el proceso de autoamor.

Hemos venido a este planeta a vincularnos, gracias al vínculo con otro se construye, la vida prosigue. El vínculo es el fundamento de la existencia humana. Es la columna vertebral emocional de la psique humana, es lo que permite conocerse y ser expresión de una vida realmente viva, creativa, *creaviva*.

Vinculación es conexión, que es más que un puro sentimiento.

Se crea un canal de comunicación entre el dador y el receptor, la vinculación convierte la relación en algo eterno, porque en el vínculo hay amor, y cuando hay amor, éste no desaparece, puede transformarse, como la energía, sin embargo, si ha habido un vínculo de amor, no puede ser destruido, si se destruye, entonces, no era amor.

Toda persona necesita de vinculación para florecer y crecer. La unión entre madre e hijo, en una pareja, hermanos y hermanas, entre amigos íntimos, socios de proyectos.

Unión es afirmación de pertenencia, ya que facilita el sentimiento de «yo importo», «soy significativo e importante», por tanto, «yo existo», «yo soy».

Se desarrolla la confianza en ti y en los demás. Inspira seguridad. Sin vinculación y nutrición no podemos realizarnos ni ser nosotros mismos.

La vinculación canaliza las cinco cualidades previas en una unión constructiva, dándoles el significado de «fundamento», estructura, base sobre la cual desplegar la vida.

Mientras que todos los otros sentimientos humanos son emociones individuales, plantas separadas de un mismo edificio, y cada uno de ellos un componente necesario de la experiencia humana, la vinculación los comunica e integra a todos en un solo lazo que crea un fundamento sobre el cual se alza firme la estructura de las emociones humanas, son los cimientos de la creación.

Unión es entregarte por entero, no parcialmente. No es una única emoción, sino todas.

Esta vinculación representa también un puente que comunica el mundo físico con el metafísico.

En las 5 semanas anteriores, o en las 5 cualidades anteriores, hemos tocado aspectos lejanos a la materialidad. Aquí, nos vamos acercando cada vez más al mundo material, y esta semana, lo que vamos a trabajar pondrá de manifiesto lo que hemos absorbido en las semanas anteriores.

Digamos que venimos tocando cualidades de mundos más etéricos hacia lo más denso, de la semilla al fruto, desde donde se gesta la materia. Así que ahora, es la última oportunidad para corregir aspectos importantes, ya que después, en la última semana, estaremos ya de lleno en lo visible, en lo palpable y realizable. Aquello que se convierte en materia, ya está hecho, no se puede tocar ningún ingrediente porque el plato se acabó de cocinar. Ahora, todavía podemos modificar algo de la receta y corregir el resultado final.

Entramos en el portal que comunica los mundos, inmaterial y material, perceptible a los cinco sentidos.

Esta semana, tocamos los aspectos clave del momento humano en el que estamos. Estaremos pisando con el dolor de la maldita piedra en el zapato que, cuando uno quiere avanzar, está todo el tiempo haciendo daño, dificultando la comodidad del caminar hacia niveles más ascendidos del alma humana.

Tocamos lo que en religión se llama el demonio, la carta 15 del tarot, la fuerza oponente, la contrafuerza, el lado oscuro de la vida, la tentación constante que nos distrae del camino de la liberación, la que nos hace vivir en el bucle constante, lo que nos separa de la luz.

Entramos en la base de esta sociedad actual, la energía del sexo y del dinero, del placer consumible, del gusto por lo rápido, así como también está representado por una energía sexual, que, desvinculado de lo anterior, es la pura creación, la potencia máxima de la manifestación.

Estas energías van a poner a prueba constantemente nuestro nivel de espiritualidad y conciencia.

En el cuerpo físico, serían los órganos reproductores sexuales, donde está la fuerza vital de dar vida a lo humano, proyectos, vínculos, creatividad. Sería el segundo chakra.

Cuando estas puertas se abren, y desciende la luz bañada por las cinco cualidades anteriores, lo que se manifiesta en la vida es abundancia y amor incondicional, de ahí el orden que hemos llevado, es el orden en el que la luz desciende.

Y a la vez, por esa misma puerta, se eleva lo que hemos materializado, información que llega al cosmos, al universo, a la divinidad, de nuestros actos, de nuestros cambios; es un portal entre mundos, donde la información circula en las dos direcciones.

Día 36 - La entrega en la vinculación

La entrega es un símbolo físico del amor incondicional.

La primera semana revisábamos estos 7 aspectos del amor incondicional y lo hacíamos desde un lugar más etéreo y emocional.

Ahora, este amor se convierte en entrega y en el dar, siendo un canal de sustento vital para otras personas.

Es importante detenerse y revisar los vínculos, porque no tenemos un vínculo real si primero no hay un amor incondicional, y no existe un vínculo de vida a menos que podamos ser proveedores del otro. Eso no significa que no exista una relación, la hay, mas sin estas cualidades no puede decirse que haya conexión.

Sucede en muchas parejas, pueden tener una profunda conexión sexual y física, mas ¿existe un vínculo atendiendo a estas cualidades mencionadas?

En un vínculo sano, adulto y amoroso, no puede haber dos personas dando el 50 %, sino dos personas que dan infinitamente en la medida que el otro puede recibir. El otro no es un medio para recibir, es un medio para dar.

Cuando te conectas con el amor divino, no tienes carencia; cuando te conectas con ese amor, la luz desciende a tu cuerpo, que es vasija, y desde ahí puedes dar.

Visualiza la forma en la que se produce el acto de dar, la luz desciende por el canal central, expandiéndose en el pecho, a la altura del corazón, y se produce el acto de apertura de brazos, de activación de los canales energéticos de brazos y manos que materializan el acto de dar, afecto, contacto, amor, crear, arte, ayudar, servir, cuidar, tocar.

• *AUTOOBSERVACIÓN*

Si tienes problemas con los vínculos, conflictos, revisa si estás dando todo lo que puedes dar y si la otra persona está dando todo lo que puede dar.

¿Soy capaz de generar abundancia para los que me rodean y no sólo material?

¿Tiendo a ser proveedor o receptor?

¿Contabilizo lo que doy y recibo?

¿De qué calidad son los vínculos que tengo más cercanos?

¿Doy en la medida que el otro puede recibir?

- *PRÁCTICA DEL DÍA: LA ACCIÓN*

Hoy practica la entrega incondicional, escoge los vínculos donde puedes dar incondicionalmente al 100%.

Conviértete en una persona proveedora, y no te hablo sólo de dinero y materia, si no de crear vida allí donde estás, facilitar la vida, crear espacios de vida, vasijas donde la luz se puede expresar.

Haz esta práctica y tu vida tenderá a la abundancia.

Día 37 - La restricción en el vínculo

Las conexiones vinculares pueden ser realmente potentes, intensas.

Para que algo se manifieste en nuestra vida, hay un proceso de descenso de la luz a través de la mente, de la idea, desde el mundo metafísico al mundo físico.

Esta ley se da para cualquier acto de manifestación, ya sea en el amor, negocios, proyectos, arte, creatividad, en todo.

Y para que esto se dé, el ingrediente clave es que tu propuesta tenga un valor y un sentido profundo para el bien de la humanidad, un propósito. Si no es así, no será duradero y estará carente de amor.

El mundo no necesita más objetos ni cachivaches, o más gente enamorada, o parejas complacientes dependientes, o más consumidores devoradores, el mundo necesita que los objetos transmitan luz, es decir, que vayan a favor de la vida, y que los enamorados contagien amor y que agreguen mayor felicidad en su entorno, que el amor se expanda a través de nuestros actos, vínculos y creaciones.

Y para que este proceso creativo agregue un valor, un bien para la humanidad, necesita conectarse con otras personas.

Hay mucha gente que no ama lo que hace, que no ama a su pareja, que no se ama, y así se crean objetos y vidas vacías de sentido.

Y es por esta falta de amor por lo que no podemos contener la palabra, pasión. Fíjate qué sucede cuando tenemos una idea, o nos gusta alguien, o cuando estamos creando algo, sentimos la necesidad de contárselo a otros, ¿desde dónde nace esta necesidad de sacarlo fuera de ti antes de tiempo? A veces es un puro ostentar, decir que estamos en muchos proyectos y, al final, no manifestar ninguno, por la pura ilusión, la locura del fuego creativo, del enamoramiento.

El problema es que conectar antes de tiempo, es decir, tomar esa idea y dársela a la otra persona antes que lo que sea que contenga la idea se haya manifestado físicamente, debilita su manifestación.

Por ejemplo, decidí que la creación de este libro iba a ser un secreto hasta que estuviera ya en su fase final, en el canal de parto, y fuera necesaria una revisión, una edición, colaboradores que después serían parte activa de la creación, y he tenido constantes tentaciones de contarlo antes de tiempo.

En mi historia, he caído constantemente en hablar antes de tiempo, en adelantarme al acontecimiento antes de que sea, y esto pone en peligro la manifestación final, han sido muchas veces, y ahora trato de poner máxima atención al cuido del bebé que va a nacer y todavía no existe en el mundo de la materia.

¿Por qué? El beneficio que se iba a recibir en la creación de tal idea empezó a ser consumido con la palabra en lo etéreo, antes de que el objeto existiera en real.

Si contienes la potencia de la comunicación, si restringes el vínculo comunicativo en ese momento, fortaleces energéticamente la manifestación de ese proyecto, vínculo amoroso, etc. Es una concentración máxima energética hacia dentro que se enfoca en la esencia creativa.

También sucede que cuando nombras una idea, un sueño, un proyecto en voz alta a otra persona, tocas directamente su ego, pudiendo poner en peligro la idea debido a la envidia, a lo que se llamaba «el mal de ojo», esa mirada envidiosa debilita el proyecto.

Además de esto, revisa el abuso en las conexiones y vínculos con otros, ya sea presenciales u *online*. A veces, hay un exceso de comunicación, un exceso de palabra, un exceso de tiempo que se consume para vincularse, aunque sea digitalmente, y últimamente, sobre todo, digitalmente. Este exceso debilita y hace perder la calidad de los vínculos.

Incluso hay conexiones positivas, como por ejemplo hacer un curso que te beneficia en tu evolución, o ver contenido *online* de calidad que nutre mente y corazón. Si lo haces una hora al día, está equilibrado; si pasas cuatro horas o te quedas hasta altas horas de la noche sin descansar, entonces hay un desequilibrio y merece que pongas límites.

Hoy se trata de limitar el vínculo, de poner límites a lo que está desequilibrado en un exceso de pasión en el vínculo, un exceso de fuego, que puede arrasar la calidad del encuentro, la calidad de la cocreación, la calidad de vida.

• AUTOOBSERVACIÓN
¿Dónde necesito poner límite en la vinculación?

¿Dónde tengo vínculos de apego y dependencia?

¿Tengo exceso de conexión con mi pareja, familia, amigos, trabajo?

¿Tengo exceso de conexión en Internet y redes sociales?

¿Paso demasiado tiempo conectado con el móvil o las pantallas?

¿Dónde está el desequilibrio en las conexiones vinculares, incluso en las digitales?

Cuándo me vinculo, ¿tengo que explicarlo y hablar de ello todo el tiempo?

¿Necesito nombrar las cosas antes que sucedan?

• PRÁCTICA DEL DÍA: LA ACCIÓN
Hoy, restringe, limita el nivel de las conexiones con otras personas, busca el extremo para ver dónde te habías desequilibrado.

Escoge una de estas conexiones, vínculos desequilibrados, donde no hay límite. Establece la conexión adecuada que sí te va bien tener.

Toma decisiones en cuanto a cómo vas a limitar ese desequilibrio, qué medidas vas a tomar con la acción. Practica el silencio.

Día 38 - La honestidad en el vínculo

A veces, nos perdemos en la forma, en lo que vemos, en la belleza o no belleza externa.

A veces, dedicamos demasiada energía en la vida a eventos que en la forma pueden parecer muy importantes, pero que en esencia no tienen sustancia, son cáscaras vacías que nos drenan la energía, nos distraen de lo verdaderamente esencial y auténtico.

No perderme en la forma en un proyecto o de un vínculo, ir más allá y ver la luz que contiene. Mirar los vínculos con honestidad y ver que no es mío, ni lo es esa persona, aunque sean hijos, proyectos, sino que yo soy una parte de ese vínculo, de esa creación, mas no lo poseo.

Cuando entramos en la energía de defender que tal cosa es mía, aunque sean «mis ideas», «mis creencias», me separo de lo esencial, de la luz que contiene. Y no me doy cuenta de que eso que se ha creado es gracias a la luz que desciende y desea ser manifestada, y que pasa a través de mí, como si yo fuera un canal. No entramos en posesión del vínculo, proyecto, no es mi vínculo ni mi proyecto.

Es una creencia que me aleja de la profunda honestidad. Lo que realmente hace un vínculo sano, constructivo, es la belleza y la honestidad, la ligereza, el ser canales de luz cocreativa.

Por otro lado, revisa cuán honestas son las cosas a las que dedicas tu vida, tu tiempo, dónde deseas entregar tu profunda conexión vital.

Vivimos sin estar conectados con lo importante, hay mucha dispersión, con tantos *inputs* externos que demandan nuestra atención.

Con el tiempo, se mira atrás y se observa que no se ha dedicado el tiempo a lo importante. Por ejemplo, si le dedico más tiempo al trabajo que a la familia, ¿qué es lo más verdadero?

Lo verdadero es aquello que tiene esencia, que está conectado con tu alma, con el amor incondicional, con el sentido profundo de la vida. Ya sea tu universo espiritual, el amor de la familia, el valor de las amistades honestas, la ayuda y el servicio a la humanidad, tu aporte a un mundo mejor, la generación de abundancia y luz allí donde estés.

Cada uno en su escala de valores, no hay una plantilla normalizada, descubre dónde y para qué te has venido a conectar.

- *AUTOOBSERVACIÓN*

Los vínculos importantes de mi vida, ¿son honestos?

¿Realmente estoy poniendo atención en la forma o en la esencia de los vínculos?

¿Me fijo más en lo externo y me dejo llevar por ello? ¿Me distrae?

¿Pongo atención y energía en mi vida en lo realmente verdadero?

¿Qué es lo verdadero para mí?

PRÁCTICA DEL DÍA: LA ACCIÓN

Haz una lista de lo que no es verdadero en tu vida para ti, con cinco verdades es suficiente. No hace falta que lo cambies todo de la noche a la mañana. Sólo dale conciencia, dale luz, y que en el día de hoy se revele tu máxima honestidad.

Día 39 - La persistencia en el vínculo

La metafísica implicada en el proceso de creación y manifestación, de cualquier tipo, ya sea un proyecto, un vínculo de «pareja», etc., tiene unas leyes y un orden mayor, el cual suele ser imperceptible a los cinco sentidos.

La persistencia es una prueba que forma parte de este orden mayor, tiene que ver con mantener la conciencia en ese momento justo cuando las cosas están a punto de manifestarse.

Hay un ciclo de manifestación que tiene seis tiempos, si interrumpimos ese ciclo e intervenimos antes de tiempo, puede pasar que no se manifieste o que se haga dejando paso a las fuerzas de la oscuridad.

En la cábala, nos cuentan que grandes eventos que cambiaron el curso de la historia de la humanidad no para mejor, sino para tiempos de más oscuridad, se dieron por no haber podido esperar el ciclo de los seis tiempos que faltaba para que se manifestara de forma apropiada arquetípicamente hablando.

Es decir, que no se pudo sostener la conciencia en conexión silenciosa, persistente, en un modo de no actuar, dejar que las cosas tengan su propio curso, con paciencia y perseverancia, sabiendo que, a veces, el no hacer es mucha acción.

Es como el ensordecedor silencio de la nada. Es como la poderosa acción de soltar el acto.

Es similar a cortar un árbol justo antes de que dé sus primeros frutos sólo porque no éramos conscientes de que ese árbol tarda tal cantidad de años en dar sus frutos, y esperamos todos estos años, y justo seis horas antes (arquetípicamente hablando, no literal), lo cortamos.

En ejemplos prácticos, se trata de cuidar la palabra y no hablar antes de tiempo, no reaccionar antes de tiempo, no atacar antes de tiempo. No abandonar o rendirse antes de tiempo. Saber sostener la nada.

Tienes que estar conectado con la luz, y eso a veces no es fácil.

A veces, en los proyectos, en la vida y en la pareja, queremos alcanzar grandes metas, aunque es algo que no se ve, que todavía no vemos en nosotros, y eso hace que nos rindamos, porque como no lo visualizamos, no está en el campo de la realidad, no hay ejemplos, referentes, guías.

Entonces nos perdemos en el camino buscando grandes hitos, en lugar de ir de conquista en conquista, paso a paso, aprendiendo cada día, sabiendo que cada paso nos prepara para el siguiente, que cada desafío es una prueba para el siguiente nivel del alma.

También sucede en el proceso de emprender un negocio o proyecto. El 80 % de los emprendimientos no superan los dos primeros años.

Porque no hay perseverancia, se espera que el árbol de frutos el primer año, que la gallina joven ponga los mismos huevos que la madura.

Hay que conocer los ciclos de la vida, y van de siete en siete. En los seis primeros ciclos hay un proceso de descenso de la luz y de traspasar los retos de las corazas emocionales, tanto bioenergéticas como mentales, y después en el séptimo, nada que hacer, dejar que la manifestación se dé, por un simple orden de creación de la vida.

Esto también sirve para parejas, empresas, proyectos, materialización de sueños.

En la energía que está presente en el día de hoy, es donde se nos complica mantener la perseverancia de sostener la conciencia, confiando en esta ley, nos va a costar esperar esos seis años, seis horas, seis minutos o seis segundos más, justo pensando que todo el trabajo anterior fue en vano, y no, es cuando la vida actúa porque has participado activamente en el acto creativo.

Quizás en este camino de 7 semanas para renacer has querido rendirte muchos días, has sentido que no sirve para nada, lo has juzgado. Toda esa cadena de pensamientos es este acto de abandonar, ahí donde la mente dice que ya no sirve de nada, que lo dejes, que no es para ti, está este reto a traspasar, y cuando se traspasa, se sostiene en tiempo y conciencia, entonces hay premio a la paciencia.

- *AUTOOBSERVACIÓN*

¿Tengo un compromiso pleno en los proyectos donde participo?

¿Cuánto podría resistir y cuánto estoy dispuesto a pelear para mantener este vínculo o participación en el proyecto?

¿Soy consciente de qué es lo que me está haciendo rendirme antes de tiempo?

¿Dónde estoy actuando de forma impaciente y rompiendo de esta manera vínculos o proyectos?

- *PRÁCTICA DEL DÍA: LA ACCIÓN*

Hoy, hazte consciente de qué son aquellas cosas que te hacen rendirte habitualmente. Qué es lo que te impide que las cosas se manifiesten en tu vida.

Mira si tiene que ver con la impaciencia, o con la vagancia, ambas polaridades. Falta de autoestima, creer en imposibles, etc.

Hazlo con honestidad y poco condescendiente, como en todo este trabajo.

Día 40 - La humildad en el vínculo

La energía de hoy viene representada por la energía del dinero, el conocimiento y el sexo.

Son espacios en nuestra vida en los que es vital que llegue la luz, la energía de corazón, para que todo ese fuego que contienen, toda esa potencia de vida, no nos queme, no arrase con lo que toca.

Lamentablemente, en la sociedad global actual, las personas prefieren invertir su energía en mostrar la riqueza en lugar de sólo tenerla.

Este acto de aparentar consume mucha más energía que la que se coloca en el acto de generar riqueza.

Recuerda que todo es conciencia y hay una línea muy fina entre atraer riqueza sintiendo que ya la tenemos y mentirnos a nosotros mismos para satisfacer el ego, dejando paso a la falsa abundancia.

Y que cuando te expones falseando mostrar luz, cuando en realidad se proyecta sombra, ahí se está atrayendo más oscuridad, más ladrones de energía.

El juez interno, además, es sabedor de esta verdad, y ese juez está conectado con la conciencia, así que no sólo uno es dueño por derecho debido al trabajo de ganarse lo que posee, ya sea por méritos de esta vida o de anteriores, no importa cómo llegaste a tú nivel de abundancia actual, lo importante es que además estés en la posesión por derecho de conciencia.

Cuando alguien va por la vida mostrando lo que no se ganó de ninguna de las formas mencionadas, es decir, lo que no tiene, o lo que no posee en lo profundo de su alma, de su conciencia, sucede que el juicio interno lo persigue y le secuestra toda la luz que esta persona expone, si expone más de la que tiene, entonces queda en deuda con el sistema de la creación.

Este acto también implica lo que sucede en los vínculos sexuales, ya que el exponerse sexualmente consume una energía vital y emocional, generando espacios insalubres donde no es posible la creatividad.

Estar entregando la energía sexual a relaciones no honestas, no alineadas con el corazón, es simplemente desgastador a nivel energético, y a la vez, hace perder la preciosa oportunidad de usar esa poderosa energía para la creatividad, el gozo compartido, generar abundancia a todos los niveles, entregar amor.

Hay muchas formas de exponerse y mostrar lo que no se tiene, aparentar, ¿acaso lo que mostramos en el universo virtual en las redes sociales hoy es real? Eso que se aparenta mostrar, ¿lo poseemos en realidad? Conciencia, espiritualidad, belleza, familia, amigos, posesiones, amor. ¿O son constructos del ego, que va adaptándose a las diferentes formas de mostrar riqueza?

La humildad es crucial para la vinculación sana. La arrogancia divide a la gente. La preocupación por tus propios deseos y necesidades te separa de los demás.

La humildad te permite apreciar a otra persona y vincularte a ella. Cuando el vínculo es sólo una extensión de tus propias necesidades, se convierte en un vínculo más fuerte contigo mismo.

La unión sana es la unión de dos personas distintas, con personalidades independientes, que se enlazan con un propósito más elevado que el de satisfacer sus propias necesidades, en interdependencia, en cocreación que suma hacia la vida.

En el vínculo, siempre hay un tercero, y es la energía del propio vínculo, la cual va cobrando una forma basándose en desde dónde se va desarrollando el entramado vincular, en bioenergética le llamábamos ese «bichito» que nace con el vínculo, un ente con vida propia que hay que cuidar y que proviene de la energía universal, el todo al servicio de la creatividad vincular.

La verdadera humildad viene de reconocer y tomar conciencia de la unidad en nuestra vida. De que cuando me vinculo con otra persona, hay un tercer elemento que facilita ese vínculo, y tiene que ver con la unión con el todo, el universo, la gran mente cósmica, el único corazón, Dios, llámalo como quieras.

De restar la importancia personal y saber identificar, discernir, cuando lo que mostramos, deseamos y exigimos, viene a alimentar el ego o a nutrir la vida, es la acera de la sombra o de la luz.

De hecho, cualquiera de los tres actos anteriores suele estar más al servicio del ego que del corazón.

- *AUTOOBSERVACIÓN*

¿Soy consciente de que en la unión existe un tercer socio que es la energía universal, y que este socio me da la capacidad de unirme a otra persona pese a nuestras diferencias?

¿Puedo discernir cuándo muestro para aparentar o cuándo para servir a la luz?

¿Muestro lo que tengo honestamente o lo que me gustaría tener?

¿Soy capaz de ver en el otro su apariencia? ¿Y su ser esencial?

¿Clasifico a las personas por lo que muestran?

- *PRÁCTICA DEL DÍA: LA ACCIÓN*

En total honestidad contigo, como cada día, lo recuerdo.

Investiga dónde estás mostrando aquello que posees y deja de hacerlo, así cuidarás que no sea puesto a prueba y corra riesgo de ser atrapado por la sombra del juicio.

Y lo más importante, busca dónde muestras más de lo que tienes, de modo que no quedes debiendo al sistema de la creación.

Y pregúntate, ¿para qué lo hago? ¿Qué vacío está llenándose?

Día 41 - La auténtica conexión entre físico y lo metafísico

Hoy presta atención a cómo te vinculas con aquello que llega a tu vida. Piensa en cómo usas los posesivos, mío o tuyo, ya que en realidad no posees nada, ni mucho menos a nadie.

Ni siquiera los hijos son posesión de los padres. Aquello que aparece en la vida no es mío o no es tuyo, sino que se trata de una oportunidad de vincularte con aquello que está sucediendo.

Cuando quitamos el posesivo, nos abrimos a todas las posibilidades de manifestación.

Se trata de reconocer que lo que sucede se da por el trabajo interno que hemos hecho, y luego aparecen las oportunidades sin esfuerzo, como un encuentro fortuito, una llamada que lo cambia todo, una casualidad que no lo es, sino que es el fruto de todo un descenso de luz que ha culminado adecuadamente su proceso de creación.

Dialogar cada día con lo que nos sucede en la vida, vincularnos a través de la profunda alegría y gratitud, éste es el auténtico puente entre lo físico y lo metafísico, más que mi deseo por manifestar algo, lo que se acaba creando finalmente viene determinado por el mérito, por un profundo merecimiento metafísico.

Y ese mérito es el que hemos ido conquistando en los 40 días anteriores, en los 40 aspectos de la personalidad, psique, ego, poniendo luz en la oscuridad.

Y ese mérito se convierte en lo físico, en dinero, salud, vínculos sanos, o lo que sea que necesitemos en un determinado momento de nuestra vida.

La mayoría de las personas tienen la creencia de que para conseguir algo hay que trabajar duro, ganarlo con el sudor de la frente.

Y efectivamente, cuando es así es porque todavía hay que hacer nuevos méritos, y porque aún no se conocen las leyes de manifestación ni se tiene la suficiente conciencia espiritual.

Según la tradición cabalística, los méritos se acumulan de otras vidas, a veces aún estamos pagando vidas anteriores, y a veces, todo es tan fácil en la vida porque acumulamos méritos de viajes anteriores.

Entonces, cuando algo llega a nuestra vida no es tanto porque nos lo hayamos ganado, eso sería pensar que alguien nos debe algo, y que de su posesión pasa a la mía.

¿Qué es más tuyo, ganar 1000 euros en tu nómina o encontrarte 1000 euros por la calle?

El trabajo duro se sigue haciendo porque no hay suficiente conciencia espiritual y se desconocen las leyes de la manifestación, y porque se desconoce cuánto hay que corregir de los tiempos inconscientes pasados.

Igualmente, todo lo que nos llega en la vida, venga de donde venga, hay que tomarlo como un merecimiento, un regalo.

La conciencia del día de hoy pasa por darse cuenta de que, desde la unidad, todo lo que existe en el mundo es nuestro ya, en este mismo momento, la salud, todo el dinero, todo el amor, ya lo tenemos, nadie nos debe nada ni hay que ir a buscar nada.

Y así hemos sido manipulados durante siglos, desde que fuimos desposeídos de nuestra tierra, la libertad, el placer de existir, olvidando que el estado natural del ser humano es la abundancia.

Mira a tu alrededor, más allá de tus paredes, la tierra es tuya, las aguas son tuyas, mira la tierra en la que vives, en un constante flujo de dar en abundancia, ¿puedes sentirlo?

Entiendo que desprogramar la mente es un proceso, y ése es el gran camino de esta existencia, pasar de la mente al corazón.

Un proverbio de la tribu de los Sioux de Norteamérica dice: «El viaje más largo de tu vida, será de la mente al corazón».

Es en el corazón donde reside la abundancia, fruto de un maravilloso estado de gracia, y a él se accede limpiando las profundidades de nuestra psique manipulada y deteriorada por siglos, éste es uno de los grandes propósitos del gran viaje del alma humana, recuperar todas las bendiciones de una vida desde el corazón.

Es muy difícil cambiar los pensamientos, generar pensamientos distintos, cambiar la profunda creencia. Contamos con una mente realmente poderosa, se nos dio la posibilidad de cambiarlo todo gracias al neocórtex, el poder de elegir, en esta existencia nos toca entrenar esta parte del cerebro, conectarla con el corazón y alcanzar el máximo nivel de liberación de la esclavitud egoica.

La manera más sencilla es, cuando llega un pensamiento negativo, guiarlo hacia uno positivo. Es un entreno diario. Aquí tienes una guía, que además te propone el acto. Cuando corriges el acto, además del pensamiento, elevas una nueva conciencia al sistema de la creación.

Cuando queremos dejar de hacer tal cosa que no nos hace bien, parece que aún la deseamos más. Si nos prohíben hacer algo, casi queremos hacerlo más.

Entonces, cuando llega un pensamiento que me conecta con la oscuridad, simplemente, le pongo luz, y si hay oscuridad, mucha más luz.

Empieza a practicar, el ante la duda, donde haya luz. Si camino por la calle y hay una acera con luz y otra con sombra, le digo al consciente, yo voy por la luz, y camina por la luz.

Este trabajo, estos méritos, no se consiguen en dos días. A mí me está tomando años, muchos años de perseverancia, y aún estoy en el camino de la constancia, con mayor o menor éxito, mas sigo, no me detengo, aunque a veces caiga en distracciones, vuelvo y sigo.

En mi caso, me ha tomado muchos años de mi vida, dando de comer a la oscuridad en todas sus formas, con la economía, las relaciones insanas, el descuido del cuerpo, la falta de honestidad conmigo y con los demás, toda una vida de inconciencia no se corrige en 40 días, pero éste es el mapa, es el camino, paso a paso, año tras año, espiral tras espiral, cada vez más profundo, cada vez más puro, cada vez más esencial.

Este trabajo de 7 semanas para renacer es para hacerlo mínimo una vez al año, en el período de la Cuenta del Omer, si es posible, y siempre que sientas que te has perdido, distraído, que todo se ha caído, vuelve y sigue.

Hay que morir muchas veces, tantas como ciclos de vida, como lo hacen el bosque y la tierra, que se renuevan en cada estación.

Enfócate en la luz, en el propósito de vida, y cada vez será más fácil ver dónde están las distracciones.

- *AUTOOBSERVACIÓN*
¿Cuál es tu visión sobre la abundancia?
    ¿Crees que hay que ganarse la vida?
    ¿Crees que todo lo que tienes es fruto del duro esfuerzo?

- *PRÁCTICA DEL DÍA: LA ACCIÓN*
Hoy medita este profundo sentir, que ya lo tienes todo, toda la abundancia de amor, dinero, salud, todo lo que necesitas, lo tienes, nada te falta, nadie te debe.

Explora el caminar por la vida, sintiendo que ya lo tienes todo, y desde ahí, permitir encontrarte con lo que ya es tuyo, lo que es para ti, que la vida te lo ponga delante.

Día 42 - La dignidad en la vinculación

Entramos en la dignidad, nobleza y realeza en cuanto a la forma en la que nos vinculamos y en cómo la luz de la manifestación se precipita en el mundo a través de nosotros.

El concepto de realeza y dignidad está directamente relacionado con la libertad de la persona.

Alguien que reina en su propia vida es libre, por lo que cuando se vincula con los demás, no lo hace por interés, aunque pueda recibir placer.

Ese placer es un deseo de recibir más, más compañía de otra persona, ya sea intelectual o corporal, o ambas. Es importante darse cuenta de que este deseo de recibir cuando alguien ya reina en su propia vida no es desde un lugar de carencia, sino desde un deseo de recibir más, y éste a su vez, entrega placer, da más, genera más vida.

Está en una posición en la que no necesita de forma carente nada más, porque posee la total soberanía de todo su reino, de sí mismo. No necesita más dinero, ni más sexo, ni más conocimiento y, aun así, lo desea.

Conecta con el acto del deseo, sí, es un deseo que emerge desde la pelvis, desde la energía sexual necesaria para la creación.

Según las leyes de la manifestación, una de ellas es la ley de atracción y repulsión, la carencia atrae más carencia, necesitar atrae más necesidad.

Al sentirse ya un ser humano libre, puede percibir que lo tiene todo y no necesita nada más, y sentir esa satisfacción le hace desear aún más satisfacción.

La clave para manifestar aquello que deseamos en nuestra vida pasa por sentir completa gratitud, satisfacción, completitud, plenitud, y desde ahí, seguir deseando ese estado, es una energía viva.

Si de ahí se pasa a un lugar de necesidad, aparece el estado de carencia energética y, por tanto, se atrae más carencia, personas con la misma vibración de carencia, y ya no hablamos sólo de carencia material, sino de carencia de conciencia, de espiritualidad, de conocimiento, de vitalidad, y los vínculos se convierten en pura demanda y vampirismo energético.

Sin embargo, si sientes que no necesitas nada de esa otra persona, pero, aun así, quieres disfrutar de su compañía, desearás esa compañía aún más.

Si sientes que la otra persona tiene algo que tú necesitas, cuando se consiga el objeto de necesidad, ya no habrá deseo de la persona, porque ya se obtuvo lo que se necesitaba, y no era la persona en sí.

Cuando estamos en un estado de necesitar del otro, es una memoria instalada de una forma infantil de relacionarse, fíjate en cómo es la primera etapa de vida, es pura demanda, de alimento, atención, contacto, regalos, un niño o niña pide constantemente, y la madre da, porque es su misión, nutrir infinito a un ser que necesita de tal nutrición para crecer, desarrollarse y emanciparse a su tiempo adecuado.

Y ese tiempo es la adolescencia, cuando un ser se prepara para la emancipación, y empieza a percibir los límites de la vida, de la familia, y la familia le permite emanciparse, porque es el orden natural y sano de la vida, hacerse adulto libre.

El problema de la mayoría de los adultos es que todavía no se han emancipado, la mayoría siguen en la adolescencia, y otros en la previa.

Entonces, los vínculos de pareja son una representación del vínculo que ha existido entre los padres y de éstos hacia el niño o niña, son eternos Edipos y Electras complementándose en un bucle de difícil conclusión.

El proceso de hacerse adulto es el de hacerse seres libres, y lamento decirte que la cultura occidental busca seres dependientes hasta la muerte, no quiere seres libres, reyes de su propia vida.

Así que, escoger el camino de la libertad pasa por emanciparse conscientemente de papá y mamá. Dejar de pedir, dejar de necesitar, eso incluye al papá Estado, y muchas veces al papá nómina y empresa, si es que sólo te levantas cada día para cobrar a final de mes, si ésa es tu única motivación, vives en la esclavitud.

- *AUTOOBSERVACIÓN*

¿Te vinculas con los demás esperando recibir lo que necesitas?

¿Demandas atención, escucha, bienes materiales?

¿Eres consciente de tu nivel de carencia?

¿Eres consciente de tu nivel de abundancia?

¿Eres consciente de tu capacidad de manifestación de la realidad?

- *PRÁCTICA DEL DÍA: LA ACCIÓN*

Observa la relación que tienes con los que te rodean según las preguntas anteriores, y si te das cuenta de que te encuentras viviendo a la espera de recibir la satisfacción a tus carencias de otra persona, grupo, colectivo o Estado, trata de recordar que sólo la luz puede llenar un vacío, esa otra persona no tiene lo que tu realmente buscas.

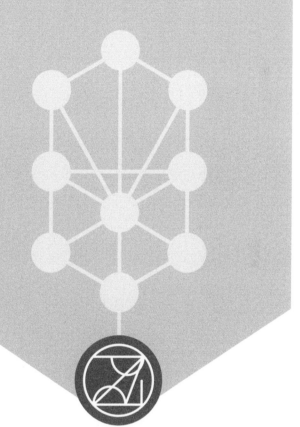

El reinado
Fisicalidad – Liderazgo – Dignidad - Nobleza

Cuando el amor, la disciplina, la compasión, la persistencia y la humildad son canalizados adecuadamente hacia la psique a través de la vinculación, el resultado es nobleza.

Y éste es el camino que se han recorrido durante los 42 días anteriores, ahora, en estos 7 próximos días, se manifestará el resultado del trabajo realizado en el tiempo anterior.

Realmente, aquello que vemos cuando abrimos los ojos es el mundo que está directamente relacionado con el campo de nuestra psique. Hay tantas miradas del mundo, de la realidad, como humanos en la tierra, por tanto, no merece la pena invertir tiempo en defender visiones.

Son los hábitos, patrones, lo automático, aquello que nos hace creer que conocemos el mundo en el que habitamos cuando abrimos los ojos, sin embargo, se nos escapan detalles, porque la percepción es limitada a nuestros cinco sentidos, y éstos no siempre están en lo cierto.

Lo que vemos cuando abrimos los ojos es un mundo realmente vinculado con quienes somos.

Somos conciencia capaz de ordenar ese mundo físico, cuando nos hacemos conscientes de esta conciencia es cuando nos convertimos en los dueños de nuestro reinado desde el punto de vista espiritual y metafísico.

Si nos desordenamos emocionalmente, es cuando entramos en un juego de esclavitud, de víctimas, como si no tuviéramos nada que ver con lo que sucede.

Entonces, lo que veremos afuera es desorden, caos y se manifestará ese período vital que suelen llamar ley de Murphy, aquello que tiene que salir mal saldrá mal, porque nace del mal, es decir, del profundo caos emocional interno.

Esta semana nos va a devolver el trabajo que hemos conquistado hasta este momento, y así es siempre, sólo que esta vez, vamos a ponerle lupa y conciencia.

Nos devuelve la auténtica realidad en cuanto a dónde estamos, no dónde nos gustaría estar, donde creo, imagino, o cualquier tipo de película mental.

Identificarlo te permite liberarte de esta esclavitud egoica, hacerte consciente, dejar de tomar decisiones automáticas y empezar a tomar decisiones conscientes.

El karma se resuelve con decisiones conscientes.

Es una semana para regenerar nuestros cuerpos físicos, entrar en un espacio de nutrición, purificación y extra de cuidado.

Las cualidades de estos 7 días siguientes están centradas en la materialización de la luz. Y es una luz hecha materia, para dar, compartir, entregar, crear, no para guardarla para sí.

En este tiempo, la luz se hace materia, con la palabra creadora.

En el Evangelio, el inicio de la creación se dice «Y en el principio fue el verbo», y esta sentencia se ha repetido en los tratados de magia y alquimia, con el famoso abracadabra, en arameo (una de las lenguas más antiguas): *ibra* quiere decir «he creado», y *k'dibra*, «como he dicho», *Abra-Kadabra,* «crearé como diré».

El habla es la forma más común de interactuar con el mundo, con los demás y con lo Divino.

Por eso, la mayor corrección que podemos hacer en nuestro viaje del alma en la tierra es a través de la palabra, aprendiendo a usar el habla a favor de la vida, y no a favor de la destrucción de la vida, a favor de luz y no de la oscuridad.

Los humanos tenemos una tendencia automática a hablar mal de los demás, a mal de alguien, demasiada energía está puesta en esto.

Recuerdo la rumorología, cómo destruye proyectos, empresas, amistades, familias.

Hablamos mal de otros por puro entretenimiento, beneficio personal (aun creyendo que es por el bien de otro), de alguna manera, cuando hablamos de otra persona nos colocamos por encima.

Hablar mal de alguien es una de las principales causas de que la vida vaya mal, o que tenga exceso de experiencias negativas, así de sencillo.

Quejarse todo el tiempo, tener un lenguaje victimista, es un imán de negatividad. Criticar a otro es atraer lo que se critica. El juicio separa.

No tiene sentido alguno, es absolutamente incoherente desear un desarrollo personal, de conciencia, espiritual, y continuar con la costumbre de criticar y hablar de terceras personas cuando no están presentes.

Creer que se conoce a la otra persona, creer que uno lo hubiera hecho mejor en el lugar del otro, o creer que el otro se equivoca y uno está en lo cierto, es estar desconectado del corazón, y, además, siempre estarás errado, siempre será una equivocación, y más cuando creas que «tenías razón». Siento ser tan clara y tajante, mas esto es clave, tanto o más que cualquiera de las 42 acciones anteriores.

Una persona que lidera su propia vida, que es líder compasivo allí donde está, no puede hablar mal de alguien a quienes tienen a su alrededor, porque se mal nombra a sí mismo, ya que lo que hay afuera es un resultado de su propio nivel de conciencia.

En resumen, hablar mal de alguien, es una absoluta pérdida de tiempo y un desgaste de energía creativa.

Es por ello por lo que en la televisión reinan este tipo de hábitos, porque saben que es la fuente pura de oscuridad, negatividad, miedo y depresión, es la estrategia de manipulación perfecta para la creación de sociedades zombis.

Una persona de conciencia elevada, alineada con su corazón, no critica, se eleva como un águila ante la situación, inspira, crea.

Es un sentimiento de pertenencia, de saber que tú importas y que marcas la diferencia, que tienes la habilidad de ser un líder experto por derecho propio para contribuir a este mundo. Te da independencia y confianza, un sentimiento de certeza y autoridad.

Éste será el trabajo de los próximos 7 días, convertirnos en líderes compasivos de nuestro reinado.

Día 43 – El amor incondicional en los actos

Cada uno de nuestros actos y palabras tienen inevitables consecuencias en las vidas de quienes nos rodean.

Una persona que lidera su propia vida busca crear unidad a su alrededor y no separación. Busca el cuido y la nutrición de las personas que están cerca.

Es más, podemos tomar conciencia de que nuestra palabra es vibración, la vibración es información, y esto afecta a nuestras partes internas, órganos, células, etc., y a las personas que están a nuestro alrededor.

Nuestra forma de existir toca vidas.

- *AUTOOBSERVACIÓN*

¿Con mis actos genero amor incondicional y unidad?

¿Con mis actos genero experiencias que me separan de los demás?

¿En mi automático está hablar de los demás?

¿Cuánto tiempo y energía dedico a hablar de los demás?

¿Soy consciente de cómo afectan mis actos y palabras a las personas que están cerca de mí?

- *PRÁCTICA DEL DÍA: LA ACCIÓN*

Observa y analiza cómo afectan tus actos y decisiones en la vida de los demás.

Presta atención a si tus palabras generan unidad o separación en tu entorno.

Trata de corregir con el acto, la palabra, decisiones, etc. Que hoy tu vida sea pura bendición a tu alrededor.

Que seas faro de luz allí donde estés.

Día 44 - Los límites en el liderazgo

Cada persona debe ejercer su reinado sobre sí misma, sobre el mundo que la rodea, y tener presente que ese mundo de alguna manera depende de cada uno de nosotros para su evolución, gracias a nuestras correcciones, como las que se están desarrollando en este trabajo, gracias al desarrollo espiritual, al deseo de mayor autoconocimiento, a la voluntad de crear, transformar e inspirar.

Sabiendo esto, nos hacemos conscientes de que cada uno se hace cargo de su reino, de modo que reconocemos cual es nuestro territorio y cual pertenece a los demás.

Eso se traduce en permitir al otro que haga su propia corrección, crecimiento espiritual, cambios y tomas de conciencia, a su ritmo, en su tiempo y forma.

Cada ser, cada reinado, tiene su propia soberanía, así que yo no puedo intervenir en el espacio de otro, ni marcar sus tiempos, ni esperar que tenga los mismos conocimientos, herramientas y capacidades que yo.

Además, se trata de restringir, poner límites a nuestro poder sobre otras personas.

Si en la vida desarrollamos un rol de liderazgo sobre otras personas, ya sea como padre, madre, maestro, maestra, cuidando, guía, o ser que inspira allí donde sea que esté, es importante tener presente esto, dejar que los demás tengan sus propios aprendizajes, a través de sus errores, aciertos, incluso cuando veamos que escogen el camino del sufrimiento, es su viaje.

No se puede imponer nuestra manera de hacer las cosas y capar así la capacidad de crecimiento de los demás.

También, quien ejerce un rol de maestro, maestra, acompañante de procesos de vida, debe permitir que el alumno tenga el deseo profundo de superarle, porque ahí está su crecimiento.

A veces, hay líderes que limitan la capacidad de liderazgo de otras personas dentro de sus propios equipos por miedo a perder su reinado.

- *AUTOOBSERVACIÓN*

¿Reconozco en qué espacios de mi vida ejerzo un rol de liderazgo?

¿Cuál es mi capacidad de limitarme en el ejercicio del rol?

¿Intervengo en la soberanía de cada persona a la que impacto con mi liderazgo?

¿Ejerzo autoridad en situaciones injustificadas?

¿Soy consciente de mis limitaciones, así como de mis fortalezas?

¿Respeto la autoridad de otros sobre su propia vida?

¿Me veo diciéndole a los demás lo que tienen que hacer para mejorar sin que me lo hayan preguntado?

- *PRÁCTICA DEL DÍA: LA ACCIÓN*

Observa la relación que tienes con las personas sobre las que desarrollas liderazgo, y fíjate si les permites crecer, si permites que se equivoquen y aprendan de ello.

Mírate en cuanto a si ejerces demasiado poder, sin autolimitarte, y eso llega a aturdir y a empequeñecer a otros.

Si en el análisis de hoy te das cuenta de que sí que impones, que sí limitas en exceso la libertad de otros, entonces no eres líder con compasión, inspirador, sino un dictador, ejerciendo una energía masculina polarizada, con autoridad excesiva.

Una persona que lidera de forma compasiva y dando cierta libertad, está en pleno equilibrio de las fuerzas femenina y masculina en su interior, y así lo emana al exterior, en pura armonía e inspiración.

Si así fuera, realiza las correcciones oportunas en tu forma de liderar de forma que las personas que te rodean puedan florecer en libertad.

Día 45 - La armonía en el liderazgo

A veces, el otro expresa su problemática y la hacemos nuestra, creyendo que es algo personal, sin embargo, lo que pide el momento puede que sólo sea ofrecer escucha y compasión. Éste es el camino del medio.

Entramos de nuevo a profundizar en la armonía y compasión, desde el equilibrio entre el amor y el límite, el dar y el recibir. Esta vez es en la armonía en la realeza, en tu reino soberano, en el liderazgo vital.

La calidad del liderazgo, allí donde sea que se ejerza, tanto interno como externo, puede ser evaluada por el nivel de armonía que crea allí donde lidera.

Podemos verlo en los países, empresas, etc. Si hay violencia (no sólo física), inseguridad, desigualdad, falsedad, manipulación, esto habla de cómo es la conciencia del liderazgo.

En lo personal, es día de analizar dónde la vida nos pone a prueba para determinar si aún somos reyes o esclavos de cualquier situación, vínculo, creencia.

Como se trata de corregir un acto desde el mundo visible, desde la materia, la prueba vendrá desde algo físico, algo que se presenta inarmónico, y que estimula nuestra percepción en este hecho, y ahí comienza la prueba.

¿Piensas con la emoción reactiva o con la conciencie elevada? ¿Eres esclavo o rey?

Es importante entender que no hay armonía si no hay compasión, ésta genera equilibrio.

En lo práctico, en lo vincular, esta falta de armonía se traduce en esperar demasiadas cosas de los demás, en tener demasiado deseo de recibir para uno mismo y entonces entrar en la constante decepción.

Al esperar del otro, me decepciona.

Y desde ahí, se activa la espiral de reproche, generando espacios reactivos emocionales, en un bucle de insatisfacción, en lugar de compasión y comprensión.

El secreto es integrar la mirada compasiva en los actos, en nuestro propio liderazgo y en la forma que recibimos de los demás.

No podemos esperar que los demás sean proveedores de nuestra propia vida.

Antes de juzgar con violencia y negatividad, es importante activar la mirada compasiva, y analizar la expectativa que tenías y ver qué está satisfaciendo, qué carencia está llenando el recibir de la otra persona.

También activar la compasión es no pensar mal del otro por defecto, ¿no te pasa que antes de preguntar, se activan las primeras respuestas internas desde la reactividad?

Bien, pues desde el poder de elegir, se puede decidir pensar que quizás el otro no pudo proveer lo que tú necesitabas en ese momento por causas ajenas a la maldad, y que no fue por una falta de amor.

Y si, aun así, mirando compasivamente y sin juzgar al otro, no hay armonía en el espacio, en el vínculo, en el equipo, igual es que efectivamente hay falta de amor por parte del otro, y entonces simplemente puedes retirar de ahí tu energía, sin más.

Tal como está montada la vida, tenemos que dar en muchas ocasiones, en lugares, organizaciones, equipos, donde no hay amor, y podemos entrar en el deseo de transformar a través de la entrega y el amor, o simplemente retirarnos de ahí y colocar nuestra energía donde hay amor y compasión recíproca, donde sí hay armonía.

- *AUTOOBSERVACIÓN*

¿Soy consciente de cuándo el liderazgo es inarmónico?

¿Puedo reconocer cuándo estoy pidiendo alguna cosa que al otro no le toca dar?

¿Soy consciente de las consecuencias de tener expectativas?

- *PRÁCTICA DEL DÍA: LA ACCIÓN*

Es un buen día para dejar de esperar recibir de los demás.

Si todavía te satisface recibir de los demás, es porque aún no has conectado con el poder del deseo creativo y la capacidad de crear a través del dar.

De donde puedes esperar recibir es de la luz en forma de felicidad y plenitud más allá de cualquier situación y contexto externo.

Comienza a ver a los demás como seres que te permiten experimentar el gozo y el poder de dar, y desde ahí, abrirte a recibir.

La armonía siempre la encontrarás en el sano equilibrio entre el dar y el recibir.

Día 46 - La persistencia en el liderazgo

Si has llegado hasta aquí, te mando un gran abrazo de honra y gratitud, porque cuando tú te liberas, también ayudas a quienes son tocados por ti, es más, ayudas a la liberación de la esclavitud de la gran alma humana.

Salir de la comodidad de la esclavitud, sí, de la comodidad, requiere persistencia, no rendirse.

La mayoría de las personas no salen de la esclavitud, primero porque no son conscientes de tal estadio, y segundo, porque se está muy cómodo, es una gran zona de confort.

Los que hemos nacido en jaulas creemos que dentro somos libres. A estas alturas del trabajo, estamos ya a las puertas del final de este proceso de purificación, autoconocimiento y reinicio, de una nueva visión de la vida.

Lo puedes aprovechar y darte cuenta del portal que se abre ante ti, un portal que se manifiesta como la posibilidad de transformación, perseverar con tu propósito, o rendirte, escuchando todos los discursos internos mentales y volver a la comodidad del automático.

Estar en la mente todo el tiempo resulta muy cómodo, la mente sabe cómo llevarnos por el camino marcado, sólo tiene que repetir una y otra vez lo que ya sabe, por siglos, y dejarse llevar por la gran mente colectiva que arrastra a perpetuar en la esclavitud de las vidas automáticas, siendo alimento, siendo masa, rebaño para el beneficio de cuatro representantes de las más oscuras fuerzas del universo.

Alguien que lidera su vida, una persona soberana de sí misma, destaca por la persistencia, por no rendirse, ésta es una de las cualidades esenciales.

No importa las batallas que haya perdido, sabe que el propósito le guía, ésa es su brújula.

Confía, se entrega y no se rinde.

En tiempos de las batallas humanas por los reinos, los soberanos más valorados eran aquellos que participaban de la batalla en la conquista de su reino, con valentía y perseverancia.

Usa esto como un arquetipo de tu rey interno. ¿Qué haces en tus batallas, envías a otros o te mojas?

Cuando uno va a una batalla, está dispuesto a morir por la causa, por el propósito.

¿Por qué estarías dispuesto a entregar tu vida? Aquello que es tu propósito vital.

¿Para qué entregas tu vida cada día? A cada instante estamos entregando parte de nuestra vida a algo… ¿a qué?

Y la batalla interna es entre el ego y el corazón, entre la guerra y la paz.

La guerra actual es una guerra de pensamientos, y cada persona puede ser la salvadora, la liberadora de esta batalla.

Es una guerra basada entre los pensamientos reactivos, automáticos, y el deseo del cuerpo y el alma de conectar con la luz y recuperar el control de nuestra vida, de nuestro reinado.

El equilibrio de este liderazgo es una persistencia con humildad, poniendo toda la presencia en los actos cotidianos, enfocándose en las acciones que diluyen el ego.

Éste es el viaje alquímico del corazón, convertir el plomo en oro, el ego en luz.

Usar toda la sanación y purificación de las heridas, de las trampas emocionales, como camino hacia una vida con luz.

Que tu propósito sea tu guía, y sea ir a favor de la vida, amar.

Si se te han caído las estructuras, te ha arrasado la vida este tiempo reciente, si has perdido a un ser amado, si te ha dejado la pareja, te han despedido del trabajo, te has arruinado, o ha aparecido un síntoma doloroso en tu cuerpo, tienes la oportunidad de renacer, tienes la oportunidad de reconectar con tu profundo propósito vital real.

Cuando estas situaciones se dan es el alma gritando: «¡Eh! ¡No era por ahí! Cambia de rumbo, toma este drama como una patada en el trasero para que acciones el cambio».

Una vida sin propósito es una vida sin sentido. Por eso, la mayoría de las personas han perdido el sentido de la vida, porque no encuentran un propósito más allá de cobrar a final de mes e irse de vacaciones en verano, con suerte.

Esta batalla no va de acumular materia y bienes, en el mundo espiritual, al alma le importa un pimiento la cantidad de materia que seas capaz de acumular, o títulos académicos, condecoraciones sociales, etc.

El beneficio para el alma no es el mismo que para el ego.

En este nuevo renacer humano, van a cambiar completamente los valores y las prioridades, porque el mundo de la materia y de cómo «nos ganamos la vida» va a transformarse por completo.

Cada vez conectaremos con una conciencia más amplia y expandida, que toque vidas, que influya a favor del amor y la evolución humana más allá del apego a la materia y a los bajos instintos.

Si hay alguna batalla que librar, es la del guerrero del corazón.

• *AUTOOBSERVACIÓN*
¿Cuántas veces me he rendido en el último momento antes de la recta final?

¿Sé cuál es mi propósito en esta vida?

¿Me pregunto para qué me levanto cada mañana?

¿Cuál es el sentido de mi vida?

¿En qué lado de la batalla estoy entregando mi vida?

• *PRÁCTICA DEL DÍA: LA ACCIÓN*
Elige de qué lado de la batalla estás. Escoge tu propósito y decide perseverar con humildad.

Esto se traduce en no meterte en las batallas de otros, la batalla es interna, entre tu ego y tu corazón, ni pelees con los demás, ni por los demás, esto es interno, contigo.

Esta batalla se libra cada día, en el mundo cotidiano, con la fortaleza de tus acciones espirituales y reflejando conciencia en cada acción.

Día 47 - La humildad en el liderazgo

La práctica de ayer y la de hoy van de la mano, representan el equilibrio entre la persistencia y humildad.

En el camino espiritual, en el camino de autoconocimiento y desarrollo del alma, ésta es la clave.

Fíjate en tu alrededor, en tus colectivos cercanos o en la sociedad, organización política, cuánta humildad colectiva se ve manifestada. Ése es el baremo sobre el que se mide la calidad de una sociedad.

Y el hecho de ser colectivo nos hace directamente responsables de que así sea. Cuánto tiempo invertimos en criticar a la sociedad, sin darnos cuenta de que precisamente somos corresponsables de la sociedad en la que vivimos y que lo que emana es lo que emanamos como colectivo.

Sin embargo, hay miembros que son más responsables que otros por el rol que se les otorga.

A veces, podemos escoger a nuestros líderes, y otras, son impuestos, y gracias a las estrategias de manipulación mediática, social, etc., nos creemos que participamos en algo y que somos quienes eligen, aunque realmente responde a unos intereses macro supra sociales que buscan la perpetuación de la esclavitud social, aunque se comunique y se venda como libertad.

Como hablamos en la semana de la humildad, un líder debería tener cero ego.

Porque el hecho de parecer más que los demás ya le otorga una ventaja competitiva. No necesita parecer fuerte, porque su cargo ya le da una fortaleza sobre el resto.

Como líder, juez, persona que ejerce un cargo que la coloca en la cúspide de la pirámide, debería tener como cualidad principal la humildad, equilibrada con la persistencia.

Esto garantiza que las decisiones sean las adecuadas, pensando en el bien mayor, pensando en el bien del colectivo y no en las necesidades generadas por el exceso de poder.

Las decisiones deben ir a favor del «reino», así el poder que se ostenta es el que la masa le otorga, le cede, en confianza, y no el que el líder «les quita», le roba a la masa.

Desde la mirada cabalística, y nombrando las 7000 almas que elevarán la conciencia del planeta, se dice que estas almas resucitarán sin tener que morir al cuerpo físico.

Habla de una evolución tan alta y presente en estos seres que no van a poder soportar los deseos de un ego hambriento de poder, de falsa abundancia, de ceguera de corazón, que devora los recursos de la madre tierra.

Estas almas no concebirían el tener que darle al cuerpo unos placeres sin límite, alimentando un cuerpo inconsciente, ya que estos deseos no estarían alineados con los deseos del alma.

Cuando nos disociamos de las necesidades egoicas del cuerpo, de la materialidad, de la fisicalidad, entonces entramos en una conciencia inmortal, entramos en el viaje infinito del alma, que se da en otra dimensión, aunque pasando por este cuerpo para precisamente trascender al siguiente nivel evolutivo.

El desaparecer a las necesidades del ego, a las demandas emocionales, a las exigencias del cuerpo inconsciente, otorga unos poderes metafísicos que sólo quienes han experimentado el gozo auténtico de existir en la inmortalidad pueden visualizar una vida más allá de la materia, y a la vez, gozando la existencia en este tiempo y dimensión.

Cuando el mundo vea esos poderes, se comprenderá profundamente que la verdadera recompensa del trabajo espiritual es la llegada de una nueva paz, serenidad y plenitud vital, mucho más allá de los becerros de oro del dinero y los placeres mundanos de un cuerpo sintiente y demandante.

Entramos así en la nueva era de una nueva forma de existir, tan revolucionaria que no será televisada ni enseñada en las escuelas, y que te invito a formar parte de ella y a extenderla, es una revolución silenciosa, de adentro afuera, amorosa, siendo faro de luz, inspiración, allí donde estés.

- *AUTOOBSERVACIÓN*

¿Puedo conectar con la posibilidad de la inmortalidad del alma?

¿Mi vida se rige por la necesidad de bienes materiales?

¿Qué entrego a mi entorno, el ego o la humildad? No seas condescendiente, fíjate en los pequeños actos, en las palabras, en los pensamientos.

- *PRÁCTICA DEL DÍA: LA ACCIÓN*

Hoy escoge una parte de tu ego que entregas a morir, en pro de la inmortalidad.

Escríbelo en un papel, qué parte te aleja de la paz, la serenidad, y sigue alimentando ideas de separación.

Luego quémalo y entrégalo a la alquimia del fuego, a la muerte espiritual y material.

Día 48 - La abundancia en la materialización

Llegados a este punto del viaje, es el momento en el que el trabajo espiritual se vincula con la vida terrenal.

Es donde la luz abundante de la fuente debe penetrar en la fisicalidad y reproducirse.

Es cuando la luz hace el amor con la tierra.

Donde el padre cielo y la madre tierra se encuentran fecundando vida.

En el cuerpo humano ese acto se da en el corazón, esas dos fuerzas de vida crean en el corazón. Por esa causa, la abundancia se manifiesta a través de la energía del corazón, del puro dar.

Visualiza cómo un espermatozoide fecunda un óvulo, de esta unión se genera un cuerpo que tendrá miles de millones de células, no nos paramos a observar este acontecimiento y poner conciencia de lo que significa en la materia. Es un acto automático, que casi nos parece lo más normal, sin cuestionar.

Mira una semilla, que después del brote, florece y genera frutos, los cuales contienen nuevas semillas que continuarán el proceso de la multiplicidad.

Y por la misma ley, ¿creemos que un euro puede convertirse en millones? ¿Creemos que nuestro trabajo puede rendir mil veces más de lo que rinde hoy? ¿Creemos que podemos ser mil veces más felices de lo que somos hoy?

¿Es igual de fácil creer en esa ley de la multiplicidad y la manifestación? Si vivimos en el mismo plano donde se da la ley de la naturaleza, debería ser igual de sencillo, ¿y por qué no lo es?

Fíjate que uso hacemos del término «creemos», porque ésa es la clave de la materialización.

No atraemos lo que queremos, si no lo que creemos que es cierto. Ahí está la clave de la reprogramación mental, transformar las creencias a favor de la máxima belleza y abundancia de vida, porque te lo mereces, porque no has venido aquí a sufrir ni a mendigar, ni amor, ni trabajo, ni atención, ni dinero ni nada.

Y es la clave de la materialización de sueños, de la manifestación, de que todo el trabajo realizado tenga sus frutos.

Aquí, en el día de hoy, en el 48, después de el camino de corrección realizado, es el último lugar donde se puede intervenir en la creación.

Es la última prueba, y por ser la última, será la más sutil de todas.

Fíjate como el cuerpo-materia es la perfecta manifestación de su conciencia interna, de su inmanencia. La conciencia es lo real y lo permanente en el no tiempo-espacio, la verdadera esencia es la conciencia, no el cuerpo físico, lo que realmente existe es la inmanencia.

El cuerpo es creado por la conciencia, como dirían los textos antiguos, a su imagen y semejanza.

Lo que es adentro es afuera, lo que es arriba es abajo. Es ley.

El cuerpo se moldea según la energía interna, es flexible, maleable y cambiante.

Y aquí es donde se manifiesta lo que la conciencia dicta, en el mundo visible, se manifiesta lo gestado en el mundo invisible, en los 47 días anteriores, hemos estado operando en el mundo de lo invisible, en el campo de la conciencia sutil.

Aquí es donde ahora se manifiestan los sueños que han recorrido el camino descendente de la luz hasta la manifestación.

Donde lo sutil pasa a lo físico.

Donde los sueños se hacen realidad.

Donde la fe debe ser transformada en certeza.

Recuerda que ésta es tu mayor arma, la certeza que domina y disipa toda duda.

En esta fase está la máxima fuerza de luz, y la máxima fuerza de los oponentes que regentan la oscuridad. Es así como lo que se acaba manifestando irá a crear más luz o más caos en la vida.

Y aquí prestamos atención, estamos alerta, con el máximo y extremo cuidado, porque las contrafuerzas están esperando este instante para recordarte que no puede ser como soñaste, que no lo mereces, que tú no puedes, que no será tan fácil, que lo que uno quiere algo le cuesta, que lo que tiene que salir mal saldrá mal, las envidias ajenas, las causas pendientes, que no puedes multiplicar las monedas como hizo Jesús con los panes.

Así que si en este instante de la manifestación le entregas al oponente toda tu luz, todos tus sueños y toda posibilidad de salto evolutivo, todo el esfuerzo y la energía invertida, quedará a favor del oponente, se le habrá regalado toda la luz descendida a la energía de la oscuridad.

Toda la energía quedará del lado de la carencia y de la miseria, ésta es la gran guerra humana, éste es el gran campo de batalla de la humanidad, la gran mente automática, y los dos bandos sois tú contra tus dudas, tú contra tus creencias, tú contra tus patrones, tú contra el inconsciente colectivo que arrastra a la repetición.

Es un duelo entre la mente y el corazón.

Es tiempo de alineación, es tiempo de cor-razón, de senti-pensar.

El salto humano evolutivo es tan grande que todas las contrafuerzas vendrán a impedir tal salto, las fuerzas de conservación, que perpetúan la vida en las formas rígidas y estáticas.

La práctica de ayer y la de hoy van de la mano, representan el equilibrio entre la persistencia y humildad. En el camino espiritual, en el camino de autoconocimiento y desarrollo del alma, ésta es la gran clave.

La herramienta más importante para librar esta batalla es la certeza y el amor incondicional.

Ahora ya sabes que los espermatozoides se multiplican, los frutos desprenden multiplicidad de semillas, has visto ante ti cómo personas de la nada han multiplicado sus fortunas. Sólo sentir la certeza de que es posible y que tú también puedes multiplicar tus manifestaciones romperá el maldito hechizo de años de esclavitud, ya venimos de más de 2000 años creyéndonos incapaces, siervos, domados, es momento de gritar basta y accionar el poder que se te ha dado, sólo por el hecho de existir sobre esta tierra que ahora pisas.

El conocimiento te hará libre, no ceses en tu viaje de autoconocimiento hasta la misma muerte de tu cuerpo físico.

Cada vez que vengan los pensamientos a tu mente, sabes que vienen del oponente, que no te quiere libre, no los dejes vencer, sabes que mienten, responde con el amor y la certeza.

- *AUTOOBSERVACIÓN*
¿Mi vida divide o multiplica?
    ¿Soy alguien que manifiesta sus sueños?
    ¿Escucho las voces que me animan a desistir?
    ¿Soy más fuerte que mis creencias?

- *PRÁCTICA DEL DÍA: LA ACCIÓN*
Hoy deja ir el concepto de la fe y los milagros y conecta con la profunda certeza.

La prosperidad en la vida no es cosa de milagros, es una ley que rige la propia manifestación en la tierra, no es algo sobrenatural, esotérico o cuestión de magia.

La conciencia humana se ha anclado a los miedos y prejuicios, e interrumpe el correcto flujo de la abundancia hacia sus vidas.

Ya basta, es hora de reinar, hazte el ser soberano de tu vida y ábrete a recibir lo que mereces a todos los niveles.

Día 49 - El descenso de la luz

Hoy es un día muy especial, seguro que para ti que estás ahí, durante 49 días, también.

Sólo tú sabes los desafíos, retos, pruebas, contrafuerzas y resistencias que has superado para llegar hasta aquí.

Sólo tú sabes cuán fácil o difícil ha sido este compromiso contigo, con la gran alma humana.

Sólo puedo agradecerte de corazón, profundamente, este camino compartido, el cual, al ofrecerlo, también transito contigo un tramo más del gran viaje infinito del alma.

Y en el día de hoy, es un puro tiempo-espacio para el descenso de la luz, nada más y nada menos.

Después del mérito que se ha adquirido gracias al trabajo de corrección realizado en los días pasados, hoy, la luz llega para alumbrar aquellas áreas de nuestra existencia que están perdiendo vitalidad.

Es decir, que cada área de nuestra vida donde algo perdió su brillo y comenzó a morir, una relación de pareja, un negocio, la economía, vida profesional, la salud misma, todo aquello que ya no genera la misma satisfacción que en un determinado momento lo hacía, es porque entró en contacto con la muerte.

Estos dos días 49 y 50 son para administrar la luz que recibiremos y dirigirla a las áreas de nuestra vida donde algo entró en decadencia y devolverle la vida.

Ten presente que en el aspecto espiritual, los cuerpos no importan, lo cual significa que te centres en meditar en devolverle la vida al área que está en decadencia, es decir, por ejemplo, meditar en devolverle vida al área de relaciones de pareja, no a una pareja específica, o bien en el área del desarrollo profesional, no a lo que estás haciendo ahora en concreto.

Se trata de dirigir esta luz hacia el área de la vida que más lo necesita, y después la luz misma manifestará el vehículo, que puede ser la misma empresa u otra, la misma pareja u otra.

- *AUTOOBSERVACIÓN*

Hoy no hay más preguntas. Sólo entrégate a ser canal de luz.

- *PRÁCTICA DEL DÍA: LA ACCIÓN*

Después de este camino recorrido, ya te habrás dado cuenta de qué áreas de tu vida requieren mayor infusión de luz.

Suelta a los personajes de la historia y sólo medita en que sea una historia increíble, donde de la nada se generen grandes logros e infinito sustento material y espiritual.

Confía en que el camino se abre fácil para ti, has separado la paja del grano, has limpiado la maleza del camino, la luz desciende a través de ti sin interferencias egoicas.

En estos siguientes días presta atención a las bendiciones, a lo nuevo que llega a ti, todo lo que se revele ante tus ojos será el fruto de tu labor de transformación.

Y especialmente, presta atención a lo largo de la nueva espiral que empiezas hoy, a veces los méritos no llegan al día siguiente, aunque sí al cierre de este ciclo.

Sueña grande, pídete experiencias increíbles para tu mente, transforma una y otra vez las versiones de ti, entierra a los personajes, cada vez que te los creas.

Permítete escribir tu historia sabiendo que es infinita. Juega, explora, equivócate, entrégate y ama.

Conclusiones y cierre

La rueda de los 7 atributos emocionales

Vuelve a dibujar tu mapa de los 7 atributos después de haber realizado la corrección de estos 49 días según tu alcance, disponibilidad y nivel de profundidad.

Compara esta visión con la que tenías de ti al principio.

Recuerda que esta herramienta la tienes disponible para regresar a ella siempre que consideres necesario.

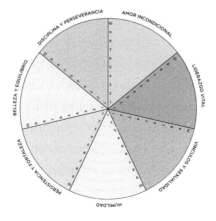

LA RUEDA DE
Los 7 atributos
emocionales

Y ahora ¿qué?

Después de este profundo viaje de transformación, te honro y felicito de nuevo. Recuerda que este camino no es solamente para tu propio beneficio personal, sino que cada vez que un alma sana, evoluciona, muere y renace con más luz, eso mismo es lo que entrega la gran alma creadora, al gran viaje humano.

Cuando un ser despierta a la verdad, ayuda a todo su entorno a despertar, sin hacer nada más, sin convencer a nadie, simplemente, sucede y te conviertes en inspiración.

Entonces, ahora, pueden suceder varios supuestos, y muchos que ni siquiera yo me atrevería a nombrar, aunque por experiencia, algo así podría sucederte.

Puede que te hayas dado cuenta de que tu vida no tenía sentido tal y como la estabas viviendo, bien, en ese caso, anota con claridad cuáles son los cambios que tienes que manifestar y ve ordenando el entorno.

Ordenar el entorno en cuanto a vínculos, poner límites, cerrar etapas, cuidar lo que sí quieres mantener, amar más, amarte más.

Pide ayuda, las personas que han terminado este trabajo de forma completa y profunda, realmente han dado la vuelta a su vida en aspectos clave, como la vida profesional, vincular, familiar, amorosa, su propósito vital. Sin embargo, esto puede ser muy fuerte para asumir en solitario.

Busca tu tribu de corazón, este viaje humano no es en la cueva, confinados, aislados, sin tocarse, este tramo del camino, el gran salto, lo hacemos en colectivo. Encontrar la tribu de corazón es clave, ábrete a ello, y vendrá a ti, o ve a los lugares donde la gente vibre igual que tú.

Por supuesto, te diré que en los retiros y encuentros de Maestro corazón, nos reunimos almas viajeras gozando de la alegría de reconexión mientras se acompaña la sanación colectiva de las heridas ancestrales.

Profesionales del acompañamiento terapéutico, poner la lupa en aquellos aspectos clave que hayas detectado en este viaje de renacimiento, algunos serán más fáciles de atravesar y otros necesitarán algo más de apoyo, ya que provienen de eventos traumáticos no integrados.

Yo me considero la barquera que te ayuda a pasar de una orilla a la otra en un río que no se puede pasar a nado en solitario. Me postulo como la guardiana de los tránsitos que te ayuda a morir, la enterradora que da sepultura a tu ego caduco en lo profundo, y la comadrona que te ayuda a nacer a tu nuevo ser esencial.

Busca a seres que te acompañen, desde el corazón puro, por supuesto; evita para este viaje drogas que tapen el síntoma, para no sentir el dolor o la ansiedad. Quien acompañe a tu alma en este tránsito y evolución, que lo haga sabiendo que no hay nada malo en ti, no hay en enfermedad, hay pura vida latiendo.

Hablando de sustancias, te animo a experimentar medicinas sagradas ancestrales que sanan el alma, la diferencia entre droga y medicina es que la primera es adictiva y no cura (como la mayoría de los productos psiquiátricos), y las medicinas sanan y no son adictivas. Añado esta aclaración ya que, en mi camino, han sido claves para acompañar a morir al ego y renacer más allá de los límites de la mente.

Estamos en un momento humano en el que ya es urgente realizar el salto evolutivo. Cada vez hay más masa crítica que sustenta un cambio humano hacia la construcción de una nueva humanidad.

Evita gurús endiosados, el gurú de tu vida habita en tu corazón, que esta herramienta te haya servido para empoderarte y reconocer la sabiduría que ya habita en ti, y sólo tienes que recordar.

Guía y referencias

1. Grupos virtuales de acompañamiento y apoyo

Busca a la tribu de corazones valientes en estos grupos, aquí está todo el material de apoyo y la red de personas que, como tú, han hecho o están haciendo este viaje.

Busca por 7 semanas para renacer en las principales redes sociales y Telegram.

2. Acceso a videos diarios que acompañan y material de soporte del libro, en www.maestrocorazon.com

Escríbenos a 7sr@maestrocorazon.com para enviarnos tus sensaciones, resultados, logros o lo que consideres nutritivo sobre tu experiencia con este trabajo, contestaremos lo antes posible. También genera una reseña con tu vivencia en el espacio donde hayas adquirido este libro, siempre ayudará a las personas siguientes. Gratitud.

3. Continuar el viaje de transformación y autoconocimiento con Maestro corazón

Entra en nuestra web para estar al día de la agenda de retiros vivenciales, vacaciones terapéuticas, así como otras formas de acompañamiento en tu viaje, presencial y *online,* grupal e individual.

Te acompañamos desde diferentes herramientas como la terapia bioenergética, la psicología transpersonal y el camino al corazón desde estados ampliados de conciencia.

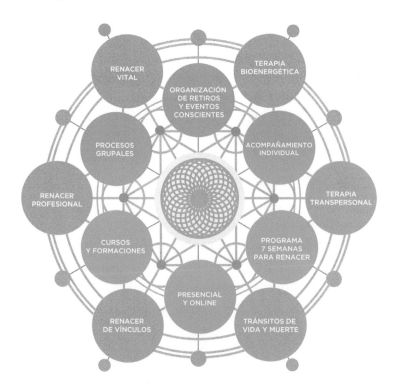

Gratitud

Este hermoso proyecto que te he compartido es el fruto de un proceso de transformación inspirado por almas importantes en pleno despliegue, entrega, generosidad y servicio hacia la evolución de la gran alma humana, así como proyectos de entrega total que son el claro ejemplo del dar sin esperar recibir.

Mi primer agradecimiento es para Javier Wolcoff en su entrega incondicional a través del proyecto Kabalah Aplicada y 5.º Nivel, del cual bebemos cientos de miles de personas con deseo de vivir cada día con mayor coherencia. Este proyecto, 7 semanas para renacer, está inspirado en su forma de transmitir la sabiduría cabalística en el período de la Cuenta del Omer, alineado con la realidad de este presente, adaptando y aplicando conocimientos milenarios a un exigente presente en constante y acelerado cambio. En este texto compartido, gran parte de su aporte, ampliado con mi propia experiencia a través de acompañamientos de vida, talleres y experiencias, viene de cabalistas que durante siglos y siglos han construido una sabiduría que se ensancha y amplía como los aros de un árbol milenario.

Este espacio de agradecimiento es importante en cuanto a cómo determinadas personas se cruzan en el camino y vienen a inspirar cambios, a nutrir con amor y experiencias, transformar gracias a nuevos conocimientos y posibilidades. Seguro que tú también puedes nombrar algunas y darles el reconocimiento que merecen. Así como es probable que tú también seas inspiración para personas a tu alrededor, y si no lo sientes así, deseo que el trabajo de 7 semanas para renacer dé sus frutos en esa dirección, hemos venido a inspirar y a ayudar.

Cuando mi alma me regaló la enfermedad autoinmune allá por el año 2013, aterricé por recomendación en Mayéutika Barcelona, entré por la puerta de Vicen Montserrat, que me ayudó a romper con gozo y amor las primeras capas acorazadas de un cuerpo desconectado de la vida, con gozo, amor y alegría de existir, y a integrar la sabiduría de la bioenergética más ortodoxa de una forma realmente actual y rompedora.

Era la familia de alma que estaba buscando desde pequeñita, allí donde los raros de cada casa, las ovejas holísticas, resignificamos el sentido de la vida. Y después llegó Ferrán Pascual, al principio no entendía nada de lo que contaba, y me encanta cuando todavía hoy no lo puedo comprender, ya que sé que eso significa una nueva puerta por abrir, mi mente demente le teme, porque tiene el don de reventar patrones y creencias con un talento único. Con él he podido tocar, sentir y reconocer las partes más sutiles de la bioenergética a través de la tradición taoísta, y lo que me trae hoy aquí, con este texto, me ha abierto las puertas de la mística cabalística. Ferrán me ha inspirado a perseverar, valorarme, ir reconociendo el ser de luz que habita detrás de mis corazas, comodidades y vicios, y me anima a que me comparta, me dé, inspire, sea.

Y en el mismo orden de amor y gratitud, como parte de este trío mayeuta, está Esther Ballber, transmisora de sabiduría a través de la mirada, las palabras y sus manos. Ella me ha regalado una resignificación del femenino y a la vez el conocimiento de la medicina tradicional china y la integración en lo cotidiano a través de la sabiduría de los ciclos.

En el primer taller que ofrecí de mi primer servicio al amor, Abrazo Consciente, allá por 2015, llegó Emilio Achar, vino para quedarse, abriendo un puente de amor entre México y Barcelona al que le agradezco todo su apoyo, sabiduría y confianza, justo cuando a mí me fallaban. Nuestros encuentros son un portal de sabiduría, creación, resultan oráculos reconfortantes en este paso de nuestras almas por la Tierra.

José María Bernal, psicólogo transpersonal colombiano, llega en 2018, a través de causalidades varias, abriéndome una resignificación del universo de la terapia con medicinas y plantas ancestrales, un nuevo camino de vida, empiezo a facilitar espacios para sus talleres en Barcelona, así como participar en Colombia, para después recibir la formación en psicología transpersonal y terapia psicodélica.

Así como a Catalina Salguero, excelente terapeuta especializada en voz, el tándem femenino en el viaje de corazón hacia las profundidades del alma. Tu música y tu voz siempre son guía, como el hilo de Ariadna en laberinto del Minotauro.

Carolina Troncone, terapeuta Gestalt, consteladora, experta en sueños, una gran chamana, compañera de formación de la familia mayeuta, ella es amiga, socia, coterapeuta y un alma hermana, de la que me nutro y aprendo gracias a su gran humanidad. Los talleres cocreados con ella son auténticos portales que en ocasiones parecen agujeros en el tiempo, con ella vamos más lejos.

Carmen Teresa Barnola, ella tiene el don de crear belleza a través del arte, de convertir la sabiduría y el conocimiento en símbolo y gráfica. Ella es la responsable de la belleza visible de este libro y de todo lo que he creado en los últimos años. Además, es una gran amiga incondicional, que me ha apoyado en todos los brotes creativos, sin cuestionar nada, puro apoyo incondicional, gracias, tesoro.

Gratitud infinita a maestros y maestras que llegan en forma cotidiana, a través de vínculos, amistades, familia, parejas, terapeutas, guías que de alguna manera son el indicador de dónde estoy brillando y dónde estoy atrapada.

Y especialmente gratitud a cada consultante que se acerca a abrir su libro del alma, su corazón, que se desnuda hasta donde puede y se entrega a este bello proceso de metamorfosis, gracias a ti aprendo y crezco, y puedo seguir dando un hermoso propósito a esto que es vivir.

Quiero agregar una gratitud especial a mi hija Lúa, no sé si algún día llegará a leer este libro, puede que ella y su generación ya lo traigan instalado de serie y no lo necesiten. Le agradezco la paciencia, compasión y amor incondiconal que me ayuda a conquistar cada día más.

Bibliografía

Alfassa, Mirra: *El camino Soleado. La Madre*. Fundación Centro Sri Aurobindo – Barcelona, 2017.

Campbell, J.: *El héroe de las mil caras*. Fondo de Cultura Económica México. 1959.

Christophe Rufin, J.: *Globalia*. Anagrama Editorial. 2004.

De la Cruz, J.: *Noche oscura del alma*. Yvory Falls Books. 2017.

Kübler-Ross, E.: *La rueda de la vida*. Penguin Random House. 2006.

Saban, M. J.: *La cábala, la psicología del misticismo judío*. Editorial Kairós, 2016.

Schwartz, R.: *El plan de tu alma*. Editorial Sirio. 2010.

Índice